潞园星火

徐甲◎主编

中国文史出版社

目　　录

第四编　红脉传承

百年风雨，初心永恒（序一）

徐　华

浩浩历史长河，百年光阴不过一瞬；一个国家的命运，百年之间可谓沧海桑田。一百年前的中国，挣扎在半殖民地半封建社会的泥潭，外有强敌环伺，无力自主；内有军阀混战，唯利是争，经济凋敝，民不聊生。今天，一百年后的中国，傲立于世界民族之林，经济腾飞，国泰民安。短短百年，天地翻覆。沧桑巨变，源于嘉兴南湖的一叶扁舟——小小红船上点燃的星星之火……悠悠百年，星星之火早已光耀华夏，见证了古老的中国从低谷走向复兴，从贫弱走向富强。

这一百年，是中国共产党从初建到日趋成长壮大的一百年，是共产党人从长夜中摸索到走上自信之路的一百年，是带领中国人民披荆斩棘浴血奋战终于推翻三座大山独立自主日渐强大的一百年。这一百年，有汗，有泪，有流血，有牺牲，有无尽的悲欢离合、无尽的追念怀想，也有无尽的迂回曲折、无尽的教训反思，更有无尽的不屈不挠、无尽的砥砺奋进和无尽的正道直行。因此，这一百年，是中华史册上最为精彩的一笔，是华夏子孙永不磨灭的记忆，是弥足珍贵的宝藏，也是继续前行的底气。也因如此，面临中国共产党的百年华诞，我们应当也必须深情地纪念，热烈地庆贺，真诚地祝愿。

习近平总书记说："中国共产党立志于中华民族千秋伟业，百年恰是风华正茂，要始终站在时代潮流最前列、站在攻坚克难最前沿、站在最广大人民之中，永远立于不败之地。”这段讲话生动描述了共产党的宏伟气象，精辟总结了共产党的成功之道。认真学习党史，铭记党的初心使命，是全体党员乃至每一位中国人应该做到的事情。

何其有幸，我们生在这百年后半季——享受着先烈奋斗牺牲换来的和平，感受着个体生命的尊严，追求着或高远或平实的人生目标，收获着奋斗的成果，体验着生活的意义和快乐——怎能不缅怀筚路蓝缕奠基立业的革命前辈？怎能不矢志践行共产党人的初心使命并发扬光大？

我们从事着教书育人的职业，又身处通州第一党支部的诞生地潞河中学，在我们的校史里，就有为新中国英勇献身的优秀学长——周文彬（金成镐）、张树棣、宏庆隆、康景新、张学渊、金祥镐——第一党支部成员闪光的名字，早已镌刻在共和国的史册，也深深印在每一代潞河人的心里。1921 年，中国共产党在嘉兴红船上诞生；1927 年，中共通州第一党支部在潞河校园成立。红船上的共产党人平均年龄二十八岁，潞园里的党支部成员还是高中尚未毕业的青春少年！因为救国图强的热望，因为使命重于生命的担当，一代代风华正茂的青年赤子，义无反顾地走上了风雨如磐的奋斗之路！远有嘉兴红船，近有潞园英烈，丰富的红色教育资源是我们取之不尽的育人法宝，正好担起传承百年伟业的光辉使命，我们又何其荣幸！

传承，是血脉的代际相通，是文化的历史联系，是精神的发扬光大，是民族的慎终追远，也是一个国家的继往开来。潞河中学有着悠久的爱国主义传统，每一代潞河人都有深厚的爱国主义情怀，这是潞河重视传统教育的结果。无论新教师入职，还是新生入学，走上文彬路，走进校史馆——革命烈士雕像、纪念碑，为国家做出突出贡献的共和国院士、各行业精英的足迹……每一处景观、每一帧照片，都有一段可歌可泣的历史，都有一个感人至深、催人奋进的故事——走进路园的那一天，便熏陶渐染，了解先烈初心，感受家国情怀，领悟党的伟大，油然承继使命，薪火一路相传。

在中国共产党成立一百周年之际，学校党总支深受习总书记《在党史学习教育动员大会上的讲话》精神的感召，充分利用通州第一党支部的红色资源，带领全校师生开展铭记历史、缅怀英烈、使命担当、红脉传承等一系列活动，让共产党人的初心使命更加深入人心，让红色基因的传承更加自然有机，让百年潞河的爱国主义传统更加悠远绵长。党史学习的系列活动，在全校党群师生中产生强烈反响，大家纷纷以各种语言形式表达对党的初心使命的理解。潞河党总支副书记孟洪峰同志提议，将师生们的学习感悟集结成册，作为潞河革命传统教育的材料保存、流传下去。团委书记徐甲老师积极整理、挑选资料，精心编辑了《潞园星火》这本书。《潞园星火》，既是潞河中学百年党史学习的阶段性成果，又将丰富潞河革命教育的资源，深化潞河爱国传统教育的底蕴。我深为潞河师生的爱党、爱国情怀和自觉的担当意识欣喜而感动，由衷为他们点赞！

习近平总书记说："我坚信，中国共产党成立一百周年时，全面建成小康社会的目标一定能够实现。我坚信，中华人民共和国成立一百周年时，把我国建成富强、民主、文明、和谐的社会主义现代化国家的目标一定会实现。我更坚信，中华民族伟大复兴的梦想一定会实现！"这是共产党人风雨百年初心永恒的底气，也是共产党人风雨百年初心永恒的豪气和胆气！

十年树木，百年树人，就学校教育的功效而言，一百年也是一个重要的节点。我相信，在中国共产党的正确引领下，踏着革命先烈的足迹，百年潞河秉承人格教育的育人理念，践行爱国、乐群、自律、修身的校风，发扬主动发展追求卓越的潞河精神，一定会在下一个百年收获更多的共和国院士和各界精英，为实现中华民族的伟大复兴做出卓越的贡献。

2021年5月28日

怀念，是为了更好地前行（序二）

徐　甲

我的眼前，三位周文彬在向我微笑——

第一位，是身着白色民国学生服的少年，朝气蓬勃丰神朗朗，一双大眼睛犹如暗夜里的明星熠熠生辉——这是中学时代的周文彬——潞河中学高二学生金成镐。那一年（1927 年），金成镐十九岁，党龄一年的他带领张树棣、宏庆隆等五位同学，建立了中共通州第一党支部，将革命的火种在潞河点燃。一年后，他们努力团结通州工、农、学、商各界革命者，壮大革命力量，将通州第一党支部扩大为通州潞河中心支部，潞园星火引燃通州乃至京东的革命火种，渐渐形成燎原之势。

第二位，是身着浅色棉布长衫的青年，文质彬彬丰神依旧，眉宇间多了几分成熟和警觉的内敛——这是从事我党地下工作的周文彬——和全家一起移居海淀的金成镐。1928 年，他置个人前程于不顾，响应党的召唤，放弃高考，成为一名地下交通员。在白色恐怖中，冒着生命危险穿梭在北京、天津的共产党各个地下联络点之间，做党组织联络与互济会工作，为在黑暗中坚守的共产党人传递党的指示和激动人心的消息。

第三位，是身着八路军军装的男子汉，尽管军装已经褪色而且缀满补丁，仍然掩不住其丰神俊逸。清瘦的面容，更显出品质的深沉坚毅，也更显其身材的挺拔与高大——这是正式化名为周文彬的金成镐。1936年底开始，他历任中共唐山工委书记、冀东地委书记、冀热边特委组织部部长，曾领导开滦五矿大罢工，参与领导冀东抗日大暴动，建立工人抗日武装，开辟敌后抗日根据地，为打击日本侵略者进行了艰苦卓绝的斗争。直至1943年10月17日，在工作中突遭数千名日军包围，在掩护同志突围时不幸中弹牺牲，以三十六岁英年血沃中华大地。

一时间，我忘记今夕何年，仿佛穿越时空，奇迹般地来到了无比崇敬的英雄学长面前……

“老师，按照您的要求，我们几位校史讲解志愿者化装成周文彬学长的模样，带领同学们走进通州第一支部，真实感受英雄学长的情怀与担当。您看，我们像不像?”

我顿然清醒，连忙点头肯定：“像像像，太像了！谢谢你们!”然后我表扬了他们，孩子们高兴而去。我表扬他们，自然不只是他们形象的化装，人的精神风貌是“装”不出来的。如果不是他们对周文彬烈士有了深度的熟悉，对人物精神有了准确的把握，他们呈现出的外在形象一定会与英雄本身貌合神离相去甚远，作为校史讲解志愿者、通州第一党支部宣传员，也是不合格的。然而，他们此刻的表现着实让我眼前一亮，又由衷欣慰。因为他们的形象气质，很好地表现了周文彬烈士不同时期的精神风貌，在讲解第一党支部的故事的时候，会自然化作故事的主人公，把听众带进当年的峥嵘岁月，沉浸在崇高信仰的坚定与守护之中，让听众与他们同感共情，深入理解历史使命与前辈的情怀，并油然而生敬仰和学习的愿望。

果然，第二天的团课——《怀念，是为了更好地前行——缅怀通州第一党支部的英雄学长》效果非凡。三个不同时代的“周文彬”带领入学不久的高一新生穿梭于文彬路、校史馆、德辰山与协和湖之间，仿佛英雄的前辈学长亲自带领后辈新学，行走在以青春和热血践行初心使命的奋斗之路上。解说者深情忘我，情景再现的感染力让倾听者热泪盈眶，连熟知这段历史的我，也不禁泪目。平时颇感有些难度的革命传统教育，在这次讲与听双方的生动融入中，水到渠成般自然完成。之后不久的学生党校报名人数，超过了以往的任何一届。

这次团课，也让我深受教育和启发。我突然领悟到——身边的榜样、身临其境的感动，远胜过施教者的耳提面命和语重心长。作为年过而立的当代青年，我深知，青春对理想的追求多么执着，青春在追求中的迷茫多么需要引导；作为立足中学的当代共青团干部，我知道，青春榜样的感召力多么巨大，做青春灵魂的引导者多么神圣而责任又是多么沉重！青春期的孩子们正处在世界观、价值观和人生观的形成期，也正是其健全人格的可塑期，对他们的精神引领尤为重要。面对当前经济社会深刻变革带来的新挑战，要努力增强共青团工作的影响力，增强党在青年中的凝聚力和青年对党的向心力，就要充分发挥青春榜样的作用，在孩子们的心中树立起身边英雄的形象，让他们眼前有楷模，心中有正气，在追求人生理想的道路上，始终沿着与民族共命运、与祖国齐发展、与时代同进步的方向前进。

这次团课，让我感到身在潞河的幸运——青春的榜样就在身边，教育的资源取之不尽——一百五十四岁的潞河中学是中国近现代历史的见证者，是新文化新思想的传播者，是中国共产党组织在通州的发祥地，更是通州区共产主义革命的摇篮。在民族危亡、风云激荡的年代里，周文彬等少年学子在中国革命最艰难的时刻加入中国共产党，创建了中共通州第一个党支部，点燃了通州大地的红色火种。在他们的影响和带动下，一批批进步青年投入中国共产党的怀抱，走上了革命道路，在国家独立、民族解放的伟大进程中用生命谱写了一曲曲英雄赞歌……一代代潞河学子的爱国心、奉献情就在第一党支部的红色故事里，在校史馆的每一帧图片、每一行文字里，也在文彬路上每一棵古槐的记忆里——只要我稍加整理，精心采用，就会收到令人惊喜的效果，由此不断汇聚实现中国梦的青春力量，为早日实现中华民族的伟大复兴做出应有的贡献。

今年，幸逢中国共产党的百年华诞，学校党总支带领全校师生开展了铭记历史、缅怀英烈、使命担当、红脉传承等系列主题活动。老师和各年级同学们纷纷以各种形式表达自己的心声，表现了崇高的爱国主义情怀和可贵的使命担当与传承意识，我深深感受到百年潞河的爱国主义传统已深植在全体潞河人的心中。

党有号召，团有行动；党旗所指，就是团旗所向。作为共青团干部，我觉得，应该抓住中国共产党建立一百周年的宝贵节点，为全体团员和少先队员进一步深入学习党史和校史，铭记潞河红色故事，缅怀革命先烈英魂，赓续百年红色血脉积累更多的教育资源。因此，听到学校党总支副书记孟洪峰老师的倡议之后，我便积极行动起来，收集整理全校党群师生的文字材料，将它们汇编成册。为了树立青春榜样，弘扬潞河学子以青春生命坚守初心的高尚情怀，我们将此书命名为《潞园星火》。

《潞园星火》共分四编。第一编“铭记历史”，介绍中共通州第一支部即潞河支部的有关史料，重点介绍支部书记周文彬同志。第二编“缅怀英烈”，是几位老师根据周文彬烈士的事迹和第一党支部的故事创作的散文、诗歌和话剧剧本。这部分是在史料的基础上艺术地再现当年周文彬建立潞河支部的情形和在冀东大地辗转战斗的经历，揭示和讴歌了周文彬烈士伟大的精神品质。第三编为“使命担当”，是潞河党员抒写继承先烈遗志、担当初心使命的心声。第四编为“红脉传承”，是潞河在校学子表达对革命前辈的崇敬与怀念，抒发传承红色基因、立志复兴中华的情怀。

在《潞园星火》编辑成书的过程中，潞河党总支徐华书记对于书籍编辑体例进行了细致的指导，党总支孟洪峰副书记不仅提供了丰富的材料，还经常针对具体问题提出宝贵建议，张丽君老师在文字编辑方面给予我很大的帮助。还有学校其他领导的大力支持，全体师生的积极参与、踊跃投稿，共同完成了本书的创作编辑工作。

在此，衷心地向校领导以及所有老师和同学们表示感谢！

百年一瞬，浩气长存。潞园的一草一木，将铭记先烈的名字和壮举；潞河的每一届学子，将传承英雄的使命与担当。铭记，是为了永恒地怀念；怀念，是为了更好地前行。青年兴，则国家兴；青年强，则国家强。我们要牢记习总书记的嘱托："勇做走在时代前列的奋进者、开拓者、奉献者，毫不畏惧面对一切艰难险阻，在劈波斩浪中开拓前进，在披荆斩棘中开辟天地，在攻坚克难中创造业绩，用青春和汗水创造出让世界刮目相看的新奇迹！"

百年已过，呼唤新章。九万里风鹏正举，重任千钧再出发！

2021 年 5 月 18 日

第一编　铭记历史

第一支部——一份珍贵的历史馈赠

张洪志

在潞河人的话语中，“第一支部”是特指成立于潞河中学的中共通州第一个党支部。第一支部由早期校友周文彬等同志于 1927 年发起并成立，使潞河中学革命传统进一步明晰并纳入中国新民主主义革命的洪流中。如今，矗立在通州大运河畔的这座巨大的花岗岩雕塑就是为纪念这一历史事件而创作的，当然，第一支部也就成为通州人民的骄傲。在 2005 年编制出版的《通州建置 2200 周年纪念邮册》（前 195—2005）中也把潞河中学的红楼（谢氏楼，原教学楼）称为通州革命的摇篮，其原因概出于此。

熟悉潞河中学历史的人都知道，潞河的历史由两条明晰的线索交织而成。其一是源自 20 世纪 20—30 年代的人格教育传统；其二是革命传统，也就是由辛亥革命时期为推翻清朝统治而捐躯的蔡德辰烈士，第一支部书记周文彬，以及之后的十余名校友烈士及其革命事迹构成。对于潞河革命传统的挖掘，据可查资料，最早的记载见于 1986 年北京市教育科学研究所编制、耿宝珍老师执笔的《百年老校话今昔》中：

通县一中是一所历史悠久的学校，有自己办学的特点，校党支部为了吸取有益的历史经验，发扬优良传统，也为了利用校友这支社会力量对学生进行教育，在 1982 年建校

> 115 周年时组织了纪念活动，举办了校史展览，开展了与校友的通信活动，并举行了隆重的“纪念周文彬同志牺牲三十八周年大会”。活动邀请了与周文彬同志一起在校学习、一起开展党的地下活动的张珍同志，三十年代在潞河中学从事抗日救亡活动的老校友高沂同志、张洒更同志、烈士的妹妹金信正，以及历届校友戴士铭、刘绍棠等一百三十余人返校，向同学们进行学习烈士革命精神和发扬优良传统的教育……

这次活动取得了两项重大成果：一是发起成立北京市通县第一中学校友基金会并设立有关奖学金项目；二是倡议设立潞河中学烈士纪念碑。校友基金会后发展为潞河中学校友会，其多样、丰富的辅教活动开创了潞河教育的显著特色。潞河中学烈士纪念碑建成后，于 1984 年 11 月在学校举行了隆重的落成仪式，众多知名校友悉数出席，其中包括周文彬同志的胞妹金信正。在奠基仪式上还举行了少先队周文彬中队和共青团刘玉林支部的命名仪式，周文彬中队所在班的班主任就是全国第一个模范班主任、大名鼎鼎的刘纯朴老师。这两项成果足以载入潞河史册，并对其后潞河教育的发展产生深远的影响。耿宝珍老师在他编制的校史中有过详细的记述：

> 雄伟庄严的烈士纪念碑，碑身为汉白玉质地，碑座呈塔形。正面刻有“革命烈士纪念碑”七个金光闪闪的大字。背面碑文是“在新民主主义革命中牺牲的周文彬烈士、刘玉林等烈士永垂不朽！在辛亥革命中牺牲的蔡德辰烈士永垂不朽！由此上溯至一八六七年建校以来，为中国人民的解放而牺牲的校友烈士永垂不朽！一九八四年十月北京通县一中（原潞河中学）全体师生”。纪念碑耸立在红楼（原谢氏楼）南侧的花坛中（后迁至花坛南侧）。揭幕后，

少先队员敬献了花圈，并致辞。首先由刘绍棠同志代表校友基金会讲话，后由党支部书记李远白同志代表学校讲话。最后，全体师生庄严宣誓：“沿着烈士走过的道路，做有理想、有道德、有文化、守纪律的一代新人!”

摘自《潞河中学校史（下)》

潞河中学烈士纪念碑落成后，每年清明节的祭扫活动就成为潞河师生的一项常规教育活动。先是潞河的初中和高中，后扩展到周边的小学、中学，成为潞园春天里的一道亮丽风景。当年还在北京大学读书的潞河中学 1986 届毕业生赵明在 1988 年《校友回忆录》中有过这样一段回忆：

这天的天气很好，阳光明媚，天边有几朵白云，静静地待在那里向下观望，好像是要来参加我们的祭奠。纪念碑周围是一个大花坛，榆叶梅已经开了，开得很艳。花坛周围是绿绿的松墙，显示出它们历经严冬所孕育的生机。往日叽叽喳喳的鸟儿今天也安静地躲在树间，静静地看着。同学们把花坛周围打扫得干干净净，清理得没有一粒尘埃。空气中含着协和湖的水味。这一切都好像暗示着先烈们的宽慰，他们满意地看着我们这些潞河子弟的一举一动，欣慰地记录着潞园的一朝一夕……

我相信，这些潞河中学所特有的、富于仪式感的活动都会给各届学生的内心留下鲜明的印记。之后的 2007 年，在潞河中学建校一百四十周年之际，潞河中学横贯东西的主干道被命名为“文彬路”，其北侧位于校园中心的大槐树下草坪里矗立着周文彬烈士的铜制雕像，那是潞河教师周东岭的佳作。这些对前辈学长的纪念活动和蕴含教育元素的环境建设，久而久之也就成为潞河教育文化的重要组成部分。

在收集整理丰富周文彬、刘玉林等烈士校友史料的基础上，中共通县第一个党支部的史料日渐充实，这一历史过程在耿宝珍老师《潞河中学校史（上）》中有了较为完整的记述，并逐渐成为通州党史研究的共识。在潞河中学2000年编制的《百年潞园》大型历史画册里，在2002年第一版校史陈列展中，对中共通州第一个党支部都有过专门介绍。2006年，应通州区委组织部的要求，在广泛收集有关史料的基础上，编制完成了“中共通州第一个党支部及其党的活动”专题展览，并作为当年“共产党员先进性教育”活动中通州区委、政府，各委办局、企事业单位党委、总支、支部的学习基地，在整个通州地区形成了广泛影响。

2012年校史馆改版的校史陈列中，中共通州第一支部的有关内容作为“潞河之韵”（历史篇）一个独立板块出展。2013年学校编辑出版的《潞河中学史话》（社科文献出版社史话丛书）中，用“革命风潮随波起、第一支部应运生、革命火种传四方”三个板块，详细介绍了第一支部产生的时代背景、建立过程和对华北地区革命活动的影响。自此，中共通州第一个党支部及其革命活动，以及受此感召走上革命道路的众多校友，也包括为民族解放国家富强而献身的烈士校友，他们的事迹共同构成了潞河教育以及通州教育的宝贵资源。

2021年是中国共产党百年华诞，也是国家十四五规划及2035远景目标纲要实施的开局之年。在这个重要的历史节点上，中央号召全党开展党史学习教育活动，实现“学党史　悟初心　共奋进”的目标，为我国新时代的开启、新理念的完善、新格局的构建奠定坚实的思想理论基础。在这次全党党史学习教育活动中，潞河中学校史馆新设立的中共通州第一个党支部及其党的活动主题展室，被命名为“通州区教育系统党性教育基地”并已接待了二千三百人次的参观学习，再次担当起全区教育系统党史教育的重要使命。

潞河中学的革命传统源远流长，在中国革命和建设的不同历史阶段都有潞河校友挺身而出，投身于民族独立、人民解放、祖国建设、国家富强的壮丽事业中建功立业，他们的事迹也成为潞河中学嘉惠后学的宝贵财富。诞生于潞河中学的中共通州第一个党支部犹如一面鲜红的旗帜，始终指引着潞河人，不懈努力，勇往直前。这是一份珍贵的历史馈赠，我们的前辈用毕生的经历，开创、积累、丰富了其内涵。

今天的潞河人一定要利用好、开掘好这份珍贵的遗产，为祖国的未来培养出更多、更优秀的人才，去奋力续写潞河教育辉煌的篇章。

2021 年 5 月 24 日

第一支部震烁通州

1919年5月4日，在俄国十月革命的影响下，北京爆发了一场声势浩大的爱国学生运动，这运动的“冲击波”迅速传播到全国各地。与北京近在咫尺的通州，很快也刮起了革命的风暴。

当时，北京的大学生来通县和潞河中学演讲，深刻揭露了帝国主义侵略中国的野心，痛斥“巴黎和会”欺压中国人民的阴谋，反对卖国的“二十一条”。大学生们的慷慨陈词，点燃了潞河中学爱国学子们的反帝怒火，他们很快组织起来，集会演讲，走出校园到街上张贴标语，反对卖国贼，使广大市民了解“巴黎和会”的真相。爱国学生们把5月7日（日本侵略者向袁世凯提出承认卖国“二十一条”的最后通牒日）定为国耻纪念日，召开国耻讨论会，高举着“当为国耻流血”的横幅标语提灯游行。大家唱着“五月七日，五月七日，勿忘吾国耻！二十一条，二十一条，是灭亡中国的二十一条……”高喊着“不忘国耻恨，勿忘民族仇”的口号携手前行。学生们泪流满面，群情激昂，唤醒了通州人民的爱国意识。

在五四风潮的推动下，北京成为北方大革命的中心。潞河中学较早地接受了大革命的洗礼，师生们争相传阅李大钊等编辑的《新青年》《每周评论》《工人周刊》等革命刊物和他的许多文章。北京的马克思主义群众团体和共产党组织也与通州的工人农民建立了联系，并多次派人来通州传播马克思主义和革命思想。其中一次比较大的宣传活动是1925年6月中旬，发动学校师生、农民上街集会游行，声援上海发生的“五卅运动”。潞河中学、男师、女师、女中推选代表在集会上演讲，声讨日、英帝国主义屠杀工人的罪行，号召全县人民抵制洋货。会后学生查封了商店里的日货、英货。这些活动宣传了党“反对国际帝国主义，反对封建军阀”的革命思想，并为中国共产党组织的建立奠定了思想基础。

20年代中后期，正是潞河中学倡导人格教育，主张学生通过自治管理，培养和锻炼互助精神和责任意识的时代。学生自治会之下，有众多的学生社团，学生的独立人格和创造力得到了极大的尊重和发展。在国运维艰、多种思潮并存的时代，青年学子的爱国热情、图强的决心，像他们的才华一样不可遏止地迸发出来。看当时的潞河场上，活跃着怎样的一批少年才俊吧。

潞河中学《1928年年刊》上，记录着这样几个人：

金成镐：成镐君来也，孔丘……斯宾塞，基塞司诸先生退位，其思想贯彻古今，力评诸家，“打狗吹音”，真有出人头地处。惟望不偏不倚，以资深造。

张树棣：在于含蕴的微力里，捏干一切怆凄的泪痕；利用着勤谨的苦志，去求平民的创作；高突出超人的品格，奔走血汗的荒途。百病缠身的强健者啊，我们正等着你哩。

张学渊：张君学渊年十八岁，为余至友，亦为潞河之高才生也。秉性活泼，勇于服务，在校中凡服务团体历任要职。今秋拟升大学以宏深造，前途未可量也。

康景新：康君余同级友也，君喜运动，好服务，处事先忧后乐，接物屈己从人，燕赵多感慨悲歌之士，此其人欤？志数语，质之来日，以为何如？康君其勉乎哉！

金祥镐：祥镐美君子也，性柔有胜处女，品貌可愧金少梅，然虽有桃李之姿，而冷甚于冰激凌。有好事者称之曰美君子。

这是年刊中所录的同学之间的形象刻画，旁边都配有本人一张照片。

其中金成镐本是朝鲜人，从小跟随父母及其家人来到中国，定居通州。他 1916 年在潞河小学读书，1921 年升入潞河中学。他是上述几位学子中年龄最长也是在潞河上学时间最长的学生。在同学眼里，他有与古今中外思想家相媲美的卓越才华，其行动力、影响力和号召力也非同寻常，是同学寄予“不偏不倚，以资深造”前途远大之厚望的人。张树棣，又名张克义，1923 年至 1928 年在潞河中学读书。在同学的眼中，他勤奋进取，品格高尚，身体单薄但意志坚强。在学校的社团活动中担任青年会游艺室主任，还担任平民夜校教员，有一颗甘为平民大众奉献的热心。张学渊，又名张珍，河北省人。在潞河求学期间担任青年会副会长，还是学生会评议部成员。在同学眼中，他是一位高才生，学业好，能力强，前途不可限量。康景新，化名康健生，河北省唐县人。在同学眼中，他颇有为国为民的忧患意识和奉献精神，被称为“燕赵感慨悲歌之人”，曾任潞河中学学生会评议部成员、春季文学会四组会长。金祥镐，金成镐的四弟，是同学眼中文弱俊美的书生，品貌俊美却冷峻深沉。从同学的描述中可以看出，这几位最长不过二十岁的少年才俊，莫不胸怀远大，才高品优，是潞河学子中的佼佼者。

正是这些优秀的青年，自觉地把个人命运与祖国命运联系在一起。国难当头之际，他们置个人幸福甚至青春、生命于不顾，勇敢地站在斗争的前沿，与帝国主义、反动势力做毫不妥协的斗争。

1926 年，震惊中外的“三一八”惨案爆发，直奉联军控制了北京政权，一时黑云压城，白色恐怖笼罩了北方。反革命的逆流也冲击了潞河中学，新驻通州的奉军到处搜捕共产党员和革命群众，学校的反对势力开始猖獗起来。那些动摇不定的中间派，不少人倒向了反动势力。一些平时颇激进的学生，这时也有些消沉。面对突如其来的狂风暴雨，金成镐一时也免不了有点茫然和迷惑，但是他没有退却，而是在思考更深层次的问题，在求索革命的新径。他读到李大钊的文章《艰难的国运与雄健的国民》。他在笔记本上写道：“革命有退潮必有来潮，进路经逼狭定到平坦。我要在退潮时去闯险滩，在逼狭的险路上去领略奇绝壮美的景致。”他更加迫切地要找到党，要加入党组织。

有一天，他从二哥金永镐的褥子底下发现了一本《共产党宣言》，就向二哥表示想参加共产党。已是共产党员的金永镐把金成镐要求入党的决心向北京的党支部书记做了汇报。几天后，党组织批准了金成镐的入党申请，指定金永镐做他的入党介绍人。1926 年 7 月的一天，金成镐由金永镐主持，在党旗下举行了庄严的入党宣誓。

加入中国共产党后，金成镐决定先发展党的组织，扩大党的队伍。在学校社团众多的背景下，他在班级组织起“社会主义科学学习小组”，对外叫“社会学学习小组”，学习马列主义理论。由于学习内容新鲜而丰富，饱尝帝国主义压迫和军阀混战之苦的广大同学如久旱逢甘雨，纷纷参加，学习热情很高，小组成员最多时曾达到三十人左右。其中不少人认识到：只有走“俄国人的道路”，才能打倒帝国主义和封建主义，使半殖民地半封建的旧中国变为没有剥削和压迫的新中国。一大批同学团结在他的周围，建立了潞河中学最早的青年团支部。

1927年，蒋介石在上海发动了“四一二”反革命政变，中国共产党的许多优秀干部，群众运动的领袖，成千上万的共产党员、共青团员，革命的工人、农民、知识分子以及党外革命人士倒在血泊中，党的活动被迫转入地下。

在历史的紧要关头，金成镐不但没有任何动摇和退缩，反而坚定地站在党和人民的一边，顶着国民党反动派制造的白色恐怖，进一步加强革命活动。1927年夏，经过慎重筛选和组织批准，金成镐在学校里相继发展了共青团员宏庆隆（又名冯文堂）、张树棣、康景新（又名康健生）、金祥镐、张学渊（又名张珍）、申哲（朝鲜人）等人加入了中国共产党。后来，金成镐与北京大学地下党取得联系，经中共北京地委批准，成立了中共潞河中学支部。金成镐任支部书记，宏庆隆、康景新任支部委员。这是通州建立的第一个中国共产党支部。

党支部成立后，金成镐积极组织党员揭露国民党反动派叛变革命的罪行，他们首先组织了“科学社会主义学习小组”和“春草读书会”，学习革命理论，宣传革命形势，宣传党的革命主张，打击校内暗藏的国民党反动分子，并联合通州男师和女师革命学生共同开展革命斗争。为发展革命力量，他还在校内开办了夜校，组织校内工人学习文化，宣传革命思想。在他的努力之下，支部工作由潞河中学扩展到男师、女师、铁路东站和附近农村，并发展了潞河中学教工张文奎、女师的马国英、男师的王继瑞、农民李福祥等十多人加入了中国共产党。

根据形势发展的需要，经中共北京市委批准，1928年2月，建立了中共通州潞河中学中心支部，支部书记仍由金成镐担任，张学渊等分别担任组宣委员，后由康景新继任支部书记（1928年7月至1929年2月）。

1928年暑假，上级党组织决定从潞河中学党支部抽调一名精明强干的人，专门做党的地下工作。这就意味着马上要中断学业，立即转入地下。面对党的需要，支部召开会议，宏庆隆、康景新、张珍等纷纷要求放弃高考，承担任务。金成镐非常清楚，这些同学都是潞河学子中的佼佼者，品学兼优，更加之寒窗苦读十余年，谁不想到高等学府深造呢？于是，这位潞河中学的高才生，决定自己放弃高考。他没有像同学希望的那样，继续深造，大展宏图；而是为了革命事业，听从组织安排，抛家舍业，化名周文彬，长期从事党的领导工作。

不久，张珍和金祥镐考入了燕京大学，宏庆隆和张树棣考入了辅仁大学。在他们入学之前，金成镐主持召开了最后一个支部会。他告诉同志们："咱们很快都要进入北平，仍然是一个党支部，你们只与我发生单线联系，彼此之间不得发生横的联系，不经组织同意，更不得和其他组织及个人发生联系，这是党的纪律。从今以后，我的名字改为周文彬，你们不要找我，有什么事，我会找你们的。"从此，金成镐便以"周文彬"的化名，开始了充满危险的地下工作。他经常秘密深入大学区，把党的指示和文件带给张珍，再由张珍等人分头向学生传播，革命的热流更加有力地在大学生中涌动起来。

……

1927 年那个炎热的夏天，通州第一个党支部建立起来，它像夜幕笼罩的茫茫大海上的一座灯塔，给在黑暗中摸索的革命志士指明了方向，使他们团结在党的旗帜之下，领导更广大的人民群众联合起来，向帝国主义及一切反动派开展艰苦卓绝坚韧顽强毫不妥协的斗争，正是这星星之火，引来革命胜利的燎原之势。正如鲁迅先生在《白莽作〈孩儿塔〉序》中所说："这是东方的微光，是林中的响箭，是冬末的萌芽，是进军的第一步，是对于前驱者的爱的大纛，也是对于摧残者的憎的丰碑。"

如今的通州，已是日有高楼栉比，通衢纵横；夜有霓虹闪烁，万家灯火的现代化新城。和平，安宁，美丽，丰足，使人们享受着物质的富有，追求着精神的文明。抚今追昔，人们不会忘记峥嵘岁月中那些为今天的和平美好献出青春、热血乃至生命的英雄们。翻开厚重的历史，我们看到了通州第一党支部的缔造者和参加者们闪光的人生足迹。

金成镐，在1935年全家人都回到了朝鲜之后，他化名周文彬，独自留在中国，为中国人民的解放事业而忘我斗争。1936年调任唐山市委书记。1938年领导开滦煤矿罢工运动，他是冀东地委领导人之一。1943年成立冀热边区特委，担任组织部长。1944年10月，边区特委在丰润召开会议，突遭敌人包围，周文彬为掩护同志们突围，壮烈牺牲，在抗日战争胜利的曙光照耀全中国的前夕，以三十六岁的英年血沃冀东大地。

张树棣，1928年潞河中学毕业后，考入辅仁大学。1930年，从事学生运动和工人运动工作。1931年到日本铁路学校学习。1933年到苏联伯力学习。回国后被派到哈尔滨，在日寇占领区做地下工作。1937年，日寇大规模破坏东北地下党组织，他被捕牺牲，以三十岁的青春热血，书写了他对祖国母亲的满腔赤诚。

张学渊，1928年潞河中学高中毕业考入燕京大学，后转入辅仁大学。1929—1937年5月做党的地下工作、研制炸药、出版《科学生活》杂志。1937年5月到冀中根据地投身抗战。曾在晋察冀军区工业部工作，负责军工生产。解放后曾任重工业部化工局局长、兵器工业部部长、中华人民共和国全国人民代表大会副委员长，2004年去世。是通州第一党支部成员唯一一位看到了新中国成立和改革开放巨大成就的人。

康景新，同学们称他为“燕赵感慨悲歌之士”，真可谓一语中的。入党以后，他长期在白区从事地下工作，1930—1931年任北京市互济会党团书记，1932年在北京特委负责联络工作。1938年到延安，任抗大东干队支部委员。后任晋察冀军区敌工部副部长、晋察冀军区军政部长、华北军区联络部长、华北军区后勤卫生部政治委员等职。1953年6月在北京病故。他虽看到了新中国的曙光，但是长期地下活动的忧劳严重损害了他的身体，中华人民共和国成立之初，便过早地去世了。

金祥镐，也是一个坚定的共产主义战士，在哥哥的影响下，小小年纪加入中国共产党，给当时刚刚诞生的通州第一支部增添一份重要的力量。1935 年，他带着妹妹回朝鲜与父母团聚。

……

合上书卷，感慨万千。这些闪光的名字，将永远留在潞河、通州乃至全中国后代子孙的心中。

习近平主席说："青年最富有朝气、最富有梦想，青年兴则国家兴，青年强则国家强。青年一代有理想、有担当，国家就有前途，民族就有希望。中国梦是我们的，更是青年一代的。中华民族伟大复兴终将在广大青年的接力奋斗中变为现实。"

有前辈英雄的指引，后代潞河学子一定会追寻前辈的足迹，奋勉前行。

选自《潞河中学史话》

初心永记，红脉相传

孟洪峰

中共通州第一党支部，是京东大地珍贵的革命火种，经由潞河中学的优秀学子用青春和热血将其点燃。为了缅怀革命先烈，传承革命传统，潞河中学党总支开辟第一支部英雄事迹陈列室，展出第一支部及其后加入中国共产党的潞河师生的英雄事迹，作为党员活动室和学校革命传统教育基地，让一代代潞河人永远铭记先烈英名，继承先烈遗志，为党育人，为国读书，让百年潞河的爱国主义传统和追求卓越的精神代代相传。

如今，潞河中学党员活动室已成为通州区教育系统党性教育基地，为全区乃至全市各界党史学习及革命传统教育提供了生动的教育资源。

一、早期潞河支部党员介绍

张珍（张学渊）

1909 年 2 月出生，河北省定县人。早年接受进步思想，积极参加进步活动，1927 年 6 月在潞河中学读书期间加入中国共产主义青年团，1928 年转为中国共产党党员。是中共通州第一个党支部的创建人之一和主要成员。

解放后，曾任第五机械工业部部长、党组书记等职。

为了让母校的后学们缅怀先烈的业绩，继承先烈遗志，在20世纪80年代初提议设立周文彬班和刘玉林中队，并亲自出席周文彬班成立活动，他还把自己补发的一万元工资作为周文彬烈士奖学金的第一笔捐款，以激励后学继承先烈遗志，努力学习，做共产主义接班人。

刘玉林

1910年12月13日出生，北京市怀柔县桃山村人。通州、保定革命青年领袖之一。中国共产党早期优秀党员。

1926年，刘玉林秘密加入中国共产党，任学校党支部宣传委员，化名刘平。与北平各高等院校的党组织、进步团体取得联系，传递各种进步书刊，宣传革命思想，进行革命活动。

刘玉林于1930年初进入通州潞河中学读书，受组织委派，进行革命活动。党组织建立“春草读书会”，介绍“巴黎公社”“左联”等革命事迹，宣传马列主义。还组织党员、团员和进步学生到大街上写标语、散发传单，宣传党的主张；活动引起北平宪兵队的注意，刘玉林又辗转到保定二师学习，继续进行革命活动。他担任学生会委员，还兼任党的外围组织互济会的负责人，解决党员、革命家属等生活困难问题。

九一八事变后，保定发生了抗日救亡学生运动，保定二师是这一学生运动的中心。

1932年2月，参与组织了著名的保定二师学潮。学潮后刘玉林被捕，受尽酷刑坚贞不屈，未暴露党的任何秘密。

1932年9月7日，反动当局对刘玉林再次提审，说：“只要你不再为共产党做事，就立即放你出去。”刘玉林高声说：“我生为人民解放而生，死为反抗军阀统治和帝国主义侵略而死。我相信真理永存，我们的主张不久就会实现。”反动当局诱降失败，便将刘玉林等四人押到保定南关杀害。

在去刑场的路上他们高唱《国际歌》，并高呼“打倒国民党”“共产党万岁”等口号。

刘玉林牺牲时年仅二十二岁。

张树棣

原名张克义，曾化名闻汉章，著名将军张克侠（张树棠）胞弟，河北省献县人。1923 年至 1928 年在潞河中学读书。在十月革命的影响和党的教育下，积极要求进步，参加革命活动。

1927 年 9 月在潞河加入了中国共产主义青年团，1928 年五六月间转为中国共产党党员。同年潞河中学毕业后，考入辅仁大学。

1930 年，他从事学生运动和工人运动工作。1931 年到日本铁路学校学习。1933 年被红色谍报大师佐尔格派到苏联伯力（哈巴罗夫斯克）共产国际第四情报科进行情报工作培训，成为左尔格的助手之一。1934 年春回国后秘密潜入齐齐哈尔，在日寇占领区做地下工作，组建代号为“波波夫”的情报站。情报站为苏联提供了很多北满日军的军事情报，包括日本秘密进行的“东方马其诺防线”（虎头要塞等）的情报。

1936 年 11 月，由于叛徒出卖，“波波夫”情报站被东条英机破坏，共有十九人被捕遭杀害。张树棣和另外两人脱险幸免，但不知下落。有传张树棣后来被日本 731 部队杀害。

宏庆隆

化名冯文堂、张子华（1905—1933），河北省衡水饶阳县留楚镇人。1927 年任潞河中学共青团书记，后曾任唐山市委常委，负责工人运动。1931 年任顺直省直中特委委员、宣传委员。1932 年两次到临城（安徽省），曾任临城县高级小学党小组支书（代号李继民），1933 年由于叛徒出卖，壮烈牺牲，年仅二十八岁。

康景新

化名康健生（1905—1953），河北省唐县人。1926 年 9 月在潞河中学读书期间加入中国共产主义青年团。1927 年“四一二”反革命政变后转为共产党党员。长期在白区从事地下工作，1930—1931 年任北京市互济会党团书记，1932 年在北京特委负责联络工作。1937 年参加八路军，1938 年到延安，任抗大东干队支部委员。1941 年任晋察冀军区政治部敌工部部长，1946 年任晋察冀军区政治部联络部部长。1948 年 5 月任华北军区后勤部卫生部政治委员等职。因积劳成疾，久病医治无效，1953 年 6 月在北京病故。

姚艮

1912 年 12 月出生，2010 年 9 月去世，曾用名姚廷枢。黑龙江省双城县人。

青年学生时期，受马克思列宁主义和俄国十月革命的影响，追求进步，向往社会主义，积极参加革命活动。

1930 年 6 月在潞河中学读书时，参加了中国共产党领导的革命互济会，同年加入中国共产主义青年团，并在通州潞河中学建立了通州革命互济会分会和“春草读书会”，出版“春草墙报”，发表批判国民党腐败制度、揭露帝国主义侵略以及介绍巴黎公社、广州公社、二七罢工的文章，团结了一批进步同学。

1931 年 2 月 6 日，姚艮同志光荣地加入中国共产党，任中共北平市通县支部书记、通州区委书记等。

他参加了许多革命活动，引起了学校当局的注意，被指责利用潞河中学宣传赤化，反动军警也对他加强了监视，难于开展活动，随时有被捕的危险。经支部研究并请示上级后，姚艮暂时离开通州，在其他地方坚持革命斗争，经历传奇。解放后在公安部工作至离休。

姚艮同志参加革命八十年，始终热爱党、热爱人民、热爱为之奋斗一生的公安事业。对党忠诚，信仰坚定，具有坚强的党性原则；他实事求是、作风严谨又有很强的组织领导能力；他恪尽职守、任劳任怨，不计较个人得失；他待人诚恳、光明磊落，在群众中享有很高的威望。姚艮同志是中国共产党的好党员、好干部，他用自己的实际行动实践了为共产主义事业奋斗终身的誓言。

张文烈

山西崞县（今原平县）人。1931 年 2 月在潞河中学加入中国共产党。当年秋由潞河中学回到北京，化名李航，在北平市委领导下，领导抗日救亡学生运动。

1933 年考入复旦大学，1933—1934 年在上海从事地下工作。后经上海中央局派往天津，又赴东北。

1934 年 11 月，任中共南满特委委员、团满洲省委书记，化名小洛（骆）。

1935 年 4 月，满洲省委工作由满洲省委常委、共青团满洲省委书记小洛主持，领导东北人民的抗日斗争。后情况不详。

胡敬夫

胡敬夫生于 1912 年，湖南慈利人，1931 年春，在潞河中学加入共青团后加入中国共产党。后转学到北平读书，继续从事革命斗争。受北京团委的派遣到天津从事地下工作，以后参加了八年抗战，曾带领长沙岳云中学南岳分校学生奔赴延安。

1935 年被聘为岳云南岳高级农校农事助理员兼初中部生物教员，在校从事党的地下工作。后来胡敬夫北上延安，成为抗日军政大学第四期学员。在抗大毕业后留校任抗大政治教员、抗大一分校政治教员、政治主任教员。日寇投降后，从延安来到东北，1954 年调北京中华全国总工会工作，1960 年调中国科学院，以后派到沈阳科学院林业土壤研究所，任副所长。

王承绪

化名王树声，北京通州区人，共青团员、反帝大同盟的领导人之一。解放后在国家科委工作。

高玉国

化名张天民，北京通州区人，共青团支部书记，互济会、反帝大同盟的领导人。解放后任职于国家档案局。1950 年至 1955 年曾在驻缅大使馆工作。

徐广宏

辽宁凤城人。1931 年日本帝国主义发动九一八事变后，他怀着对日本帝国主义的仇恨和爱国激情，转学到潞河中学高中读书，并参加了共产主义青年团。1932 年 7 月党组织调他到保属特委工作。9 月，他参加了河北省“高蠡暴动”，不幸被俘，同年 11 月被敌人杀害，时年二十二岁。

姜士栋

化名鲁小平、一舟，1920 年出生，1942 年去世。天津市蓟县白涧村人。1938 年在潞河中学加入中国共产党。1939 年 12 月回盘山做抗日工作，1940 年 7 月任中共蓟（县）平（谷）密（云）联合县西北办事处区委组织委员。在太后、井儿峪等二十多个村庄发展党员。1941 年组织举办支委训练班和党员训练班、开展党员识字活动，建立了一批抗日堡垒村。1942 年日伪军大扫荡，他带领区干部白天隐蔽，夜间工作，连续坚持四十余日。10 月，第五大队一个中队转运军鞋时在周村被日伪军包围，他在突围中腿部负伤，数日后牺牲于北埝头，年仅二十二岁。

王乃堂

原名王荫蓁，字乃堂，1898 年出生，1967 年去世。1927 年春，他辞去南团汀高小教员职务，到北京燕京大学当了旁读生，读到了许多马列主义书刊，思想日益进步，不久，由共产党员戎之桐介绍入党。1928 年初，他离开北京燕大，回到迁安县教育局任视导员，后重返南团汀高小任教。这期间，发表了许多反帝反封建、抨击时政、宣传妇女解放的通俗文章，为迁安县建党及开展“民众会”运动大造了舆论。

1931 年 7 月，王乃堂到通州潞河中学任教。九一八事变后，他积极投身于抗日救亡运动。长城抗战期间，他动员师生“有钱出钱，有物出物”，并带头捐款为宋哲元二十九军购买慰问品。

1935 年 12 月，通州的中共党组织遭到严重破坏，党员分散转移，王乃堂与党组织失去了联系，仍继续坚持革命活动。1937 年 6 月，他离开通州参加了顾颉刚组织的西北考察团。8 月，奔赴太原参加抗日，在山西省辽县重新加入中国共产党，任辽县中心牺盟会干事。

解放战争时期，王乃堂先后任晋冀鲁豫边区高等法院代理院长、华北人民政府第一处处长等职。中华人民共和国成立后，历任中央人民政府第三司司长、政协河北省委员会副主席等职务。

他生活俭朴、廉洁奉公，从不以权谋私，始终保持劳动人民艰苦奋斗的政治本色。中华人民共和国成立初期，他回家探亲，谢绝组织上派专车接送。自己由北京乘普通硬座火车抵达唐山，然后让侄子用毛驴把他接回老家。1953 年，他的弟弟要求他把一个家在农村的侄子安排到北京工作，他耐心说服了弟弟。

他严格要求晚辈，直到晚年还支持身边唯一的儿子王讴夫妻响应党的号召，去支援西藏建设。他写信教育儿子和侄子们：“要坚持真理，追求进步，树立革命事业心，坚定勇敢地、不屈不挠地献身于革命，为广大人民服务……”

在长期艰苦的革命斗争中，王乃堂积劳成疾，身患胃溃疡、高血压、动脉硬化等多种疾病。1967 年 3 月 3 日在天津逝世，享年六十九岁。

李　夫

原名曹立夫，笔名马颊河夫，1927 年 10 月生，山东德平人。高级记者，《今晚报》创始人、首任总编辑，享受国务院政府特殊津贴专家。

1945 年在北平参加地下革命工作，1946 年在潞河中学加入中国共产党，1948 年毕业于华北联合大学。毕业后，从事新闻工作。1949 年 1 月随中国人民解放军进入天津，参与创办《天津日报》工作。现任《今晚报》顾问、中国晚报工作者协会名誉会长、天津市新闻工作者协会顾问。

刘毅之

又名刘士毅，生于 1908 年，无极县武家庄人。

1925 年，考入保定省立第二师范。在校学习期间，积极参加党组织的各种政治活动，1928 年，加入中国共产党，并任党支部书记。

1929 年初学校放寒假后，和同在二师学习的共产党员刘洪涛回到无极武家庄发展了十三名农民党员，并于 2 月 10 日成立了无极县第一个党支部。

刘毅之因多次参加学生运动，于 1929 年夏被开除学籍。旋即，考入通县潞河中学。1930 年 4 月，又因参加学生运动被开除。后一直在小学教书并秘密发展党员，曾任无极县委书记。

1943 年秋，任冀中十分区第三联合县（固安、永清、霸县、安次等的接合部）县委宣传部部长。1944 年，在固安东部与敌遭遇，不幸身中数弹，壮烈牺牲，年仅三十六岁。

二、潞河中学党组织年谱

1926 年

宏庆隆、申哲、李福祥去武汉工人运动讲习所学习，与中国共产党和中国共产主义青年团取得联系。回校后，发展王元乾、申哲（朝鲜人）、金成镐（后化名周文彬，朝鲜人）、康景新、张学渊、张树棣等人为共产主义青年团团员。在潞河中学建立了通县第一个秘密共青团支部。金成镐任支部书记。

7 月，经过燕京大学党组织批准，十八岁的金成镐加入中国共产党。

背景：1926 年 3 月，“三一八”惨案发生后，中共中央发表《为段祺瑞屠杀人民告全国民众书》，号召人民团结起来打倒段祺瑞，推翻帝国主义、军阀的统治；与此同时，蒋介石制造“中山舰事件”，打击共产党和国民党左派；5 月《整理党务决议案》出台并获通过，共产党员遭到直接排挤，国共合作几乎破裂。

1927 年

金成镐在学校组织成立“社会主义科学学习小组”，小组成员有张学渊、康景新等同学。最多时达三十多人，研究讨论“马克思主义学说包括哪些内容”“什么是社会主义”“什么是共产主义”等内容。学生们在校内张贴传单标语，到东关发电厂向工人宣传。

4 月 12 日，蒋介石发动了“四一二”反革命政变，金成镐不顾白色恐怖的危险，发展了宏庆隆、金祥镐（朝鲜人）、张学渊、康景新、张树棣等同学加入中国共产党。

秋，经中共北京地委批准，建立了中共通县潞河中学党支部，金成镐任支部书记。这是通县的第一个中共党支部。

支部成立后，发展潞河中学校内外学生、工人、农民等十多人加入共产党。党组织在血雨腥风中进一步壮大。

背景：4 月，张作霖逮捕李大钊并处以绞刑；国民党决议清除共产党势力，蒋介石上海发动“四一二”反革命政变，多省以“清党”为名大肆捕杀共产党员和革命群众，多名共产党高级领导人被杀害。4—5 月，中共五大在武汉举行；7 月，汪精卫在武汉发动反共政变，清洗和屠杀共产党员和革命群众，国共合作全面破裂。

1928 年

2 月，潞河中学中心党支部成立。金成镐任支部书记，张学渊、康景新等任组、宣委员。中心支部建立后开展的工作：

（一）揭露国民党反动派叛变革命的罪行。

（二）宣传中国共产党的革命主张。

（三）开办夜校，组织工人学习文化，给他们宣传革命。

（四）打击校内暗藏的国民党反动分子。

（五）联合通州男师和女师的革命师生共同开展斗争。

5 月，“济南惨案”发生后，为反对日军暴行，中共潞河中学中心支部成立“反帝大同盟”，号召在通中学、部分小学和市民参加游行。

暑假期间，党支部在金成镐家开会，金成镐、康景新遭到逮捕，因为没有证据，随后被释放。为应对国民党在通县的“清党”活动，潞河中学中心支部工作转入秘密状态。

金成镐高中毕业，专职从事党的地下工作，从此化名周文彬。

中心支部班子进行了调整，由康景新任书记。

背景：4 月朱德、陈毅率领的部分南昌起义军队与毛泽东在井冈山会师；5 月日本帝国主义在济南制造了“济南惨案”；6 月中共六大在莫斯科召开，大会制定了反对帝国主义和封建主义、实行土地革命、建立工农民主专政的革命纲领，并批判了“左”“右”两种错误倾向，特别是盲动错误；7月全国反日大会在上海召开。

1929年

年初，经北平市委批准，成立通州区委，下辖潞河中学、南地、黄瓜园、新城四个支部。中共中央特派员刘少奇同志到通州巡视党的工作，帮助北平市委制订了工作计划。周文彬一家由通州搬到海淀，在进行党的地下工作的同时，经常到燕京大学、辅仁大学图书馆学习马克思主义理论。

共产党员刘毅之（无极县人，1944年牺牲。曾任无极县第一任中共县委书记）考入潞河中学，进行革命活动。

背景：6月，中共六届二中全会召开，“左”倾思想抬头；8月，上海反帝大同盟成立。

1930年

年初，进步学生刘玉林、姚艮（姚廷枢）考入潞河中学。刘、姚加入中国共产主义青年团。

4月，刘毅之因发动学生罢课被学校开除。下半年，中共党员王乃堂来潞河中学任国文教员，开展革命工作。

背景：1月，毛泽东写《星星之火可以燎原》一文；3月，左翼作家联盟成立，宣传马克思主义，扩大共产党影响；9月，中共六届三中全会召开，结束李立三的“左”倾冒险错误路线。

1931年

刘玉林、姚艮加入中国共产党。姚艮发展张文烈为中共党员，经刘玉林介绍胡敬夫成为共青团员。2月，在潞河中学的共产主义青年团改名为社会主义青年团支部，胡敬夫任书记。

支部在校内组织“春草读书会”，出刊《春草》壁报，宣传进步的、革命的思想，揭露日本帝国主义侵略的罪行。校外，他们联络男师、女师的中共党员在东关发电厂和城关农村散发传单，号召抗日，反对内战，宣传党的主张。

“五一”国际劳动节，团员们校内贴标语，散发抗日反蒋传单，在校内产生了巨大影响。

5月，潞河中学内秘密成立革命互济会，负责人是姚艮和高玉国。

7月，姚艮任区委书记，刘玉林负责共青团工作。

8月，姚艮、胡敬夫、刘玉林被学校开除，离开通州。

背景：九一八事变爆发，抗日战争开始。

1932年

11月，在河北省委领导下，共青团支部书记高玉国和共青团员王承绪、金家麟等建立了革命互济会。河北省委领导每月来校布置工作，讲解国内外形势，进一步领导潞河中学的抗日救亡运动。

为进一步宣传抗日和义演募捐，潞河中学建立了“叮叮剧社”。

1933年

4月，互济会省委机关被敌人破坏，互济会与上级关系中断。高玉国和王承绪、金家麟等人组织了读书会。李鼎铭之子、中共党员李烈飞（李力果）来潞河中学领导反帝大同盟。

1934年

学生运动的带头人高玉国等被国民党宪兵三团逮捕。

语文教师王乃堂，在课堂上宣传爱国、革命的思想，经常组织进步学生到他家开会。

1935年

由于日伪疯狂“抄共”“剿共”，镇压革命力量，中共党组织遭到严重破坏，许多党员被迫隐蔽转移，王乃堂与党组织失去了联系，以教书为掩护，继续坚持革命活动。他设法与通州“振英书局”取得联系，搞到《国家与革命》《中国的西北角》等马列主义书刊，供师生阅读。

学生政治觉悟明显提高，毕业后，纷纷“到民间去，为群众服务，为社会造福”，成了共产党开展农村革命的骨干力量。

“叮叮剧社”上演曹禺的《雷雨》。

背景：12 月，日伪在通州成立了“冀东防共自治政府”；一二·九抗日救亡运动爆发，反对华北自治。

1936 年

由于坏人告密，引起河北省教育厅的注意，屡次来校查问，扬言准备逮捕王乃堂，王乃堂被迫离开潞河中学。

1937 年

中共仍在潞河中学设有地下支部，学生姜士栋（化名鲁小平）任支部书记，他向学生大力宣传党的方针政策，要群众树立日寇必败、中国必胜的信念。

1938 年

12 月，中共地下潞河中学党支部再次成立，党支部书记铁华（蓟县人），党员七人。月底，由于散发抗日传单，铁华被日本人杀害，党支部遭到破坏。

1939 年

2 月，尚持（刘启宽，直隶蓟县人）进入潞河中学，同年在潞河中学加入中国共产党（曾任中共平三蓟联合县委、建昌县委书记，热东地委宣传部长）。

1941 年

12 月 10 日，日军进驻潞河中学，限令学生离校。

1942 年

日伪河北省教育厅接管潞河中学，改名通县中学。

进步师生秘密联络，大部分师生准备向大后方转移，部分师生到安徽涡北中学。

1943—1945 年

潞河中学向西北转移，在西安复校。进步学生与延安和西安的党组织取得联系。

在西安三年期间，不少潞河学子投笔从戎，走上抗日前线。

1946 年

中共北平地下党组织北平市教联负责人薛成业（新中国成立后北京二中首任校长）、李世廉（语文教师）、吴纯性（数学教师）来潞河中学工作；发展曹立夫（学生）为中共党员。同时，十三专署也派来革命教师沙金（刘海良，语文教师）、王莹（女，语文、公民教师）来校。

燕京大学地下党人石煌与在潞河中学发展的民青团员樊庭训，共同领导潞河中学的学生运动，发展革命组织，宣传党的方针政策，揭露国民党反动派的阴谋诡计。

尚未建立支部，党员组织关系在燕京大学地下中共组织。

1947 年

语文教师刘海良请朱自清来校讲演，做了一次以社会和人生为主题的报告，恳切地希望年轻的学子们面对时代的潮流，看清社会发展方向，莫要彷徨，为迎接国家和社会的新生而努力奋斗。

语文老师王莹给同学们介绍五四运动，讲李大钊和鲁迅的故事。

共产党员曹立夫通过组织球队吸收广大同学参加，还组织了读书会、讲演会，团结了一部分同学。

1948 年

毕业典礼时，在礼堂演出了许多进步歌舞，同学们高唱："同学们向太阳、向自由、向着那光明的路，你看那黑暗将消灭，万丈光芒在前头！"

国民党当局严厉镇压革命势力，进步学生被退学，党员教师被辞退，地下党组织受到了巨大的破坏和影响。

十七岁的黄宗汉加入中国共产党。

1949 年

5 月 8 日（一说 5 月 21 日），潞河民联成员转为新民主主义青年团员，党组织派董悌忱（中共党员）任团支部书记。在民联和青年团的领导下，开展了如下工作：

（一）建立灯塔社。

（二）创办义务小学。

（三）建立工人夜校，教育学校工人。

（四）建立边疆歌舞团，使解放区的歌舞很快传到潞园。

（五）掀起参军、参干热潮。三百多人走上了革命的行列。

通州地委派李纲、从药汀、王磊、杨海天到潞河中学组织临时支部。黄宗汉参加人民政府对北平的接管。

1953 年

陈浩山任党支部书记，主持学校工作。

5 月，十七岁的刘绍棠在潞河中学加入中国共产党，入党介绍人从药汀。

1954 年

河北省人民政府任命方田古任通县中学（潞河中学）校长，马林章为党支部书记。

1978 年

方田古同志任通县一中党支部书记、校长。

1981 年

黄镕同志任通县一中校长，李远白同志任通县一中党支部书记。

1982 年

通县一中党支部举行纪念周文彬烈士活动。

1984 年

“革命烈士纪念碑”奠基，周文彬妹妹金信正和姚艮同志出席奠基仪式。12 月，纪念碑落成，周文彬、刘玉林、张树棣、康景新同志的亲属及高沂、张天明、刘绍棠、张宝瑞等校友参加揭幕仪式。刘绍棠代表校友讲话。

同年，初二 1 班命名为周文彬中队，高一 6 班团支部命名为刘玉林团支部。潞河师生宣誓：“沿着先烈走过的道路，做有理想、有道德、有文化、守纪律的一代新人。”

12 月，陶玉森同志任通县一中校长，黄镕同志任通县一中党支部书记。

1986 年

通县一中党支部受到北京市委表扬。成立党总支，黄镕同志任党总支书记。

1989 年

全校召开纪念“五四青年节”大会，校友高沂（1934 届）、袁成隆（1931 届）、张天明（1933 届）、张宝瑞（1929 届）与学生干部座谈，师生受到了革命传统教育。

1995 年

潞河中学党总支、党总支书记受到县教育局党委表彰。

1997 年

陶玉森书记、祁京生老师参加中国共产党北京市通州区第一届代表大会。

1998 年

张世义同志任潞河中学党总支书记、校长。四名学生在“七一”前夕加入中国共产党，部分高三学生参加发展大会。

2008 年

徐华同志任潞河中学党总支书记、校长。

学校组织纪念周文彬诞辰一百周年，通州区第一个党支部成立八十周年，周文彬生前战友焦若愚、李涛同志参加，命名了“周文彬班”。

2018 年

纪念周文彬诞辰一百一十周年，纪念通州区第一个党支部成立九十周年。

区委副书记付晓辉和区委教工委张立芳书记，区教委主任、区委教工委副书记申键等领导参加；潞河中学党总支授予潞河中学初中分支部“周文彬支部”荣誉称号。

忆同窗、良师、战友

张　珍

周文彬，原名金成镐，1908 年生于朝鲜。他的父亲因为参加朝鲜反日独立运动，受到日本帝国主义的追捕，被迫逃亡中国，后全家定居通州，并加入中国国籍。

1923 年至 1928 年，我在通州潞河中学读书时认识了金成镐，后来我们被分到一个班。他高高的个子，长得很英俊，说话办事沉静稳重，爱帮助同学，同学们都很尊重他。由于我们年龄相当，志趣相投，很快就成了同窗挚友。

那时，北京“三一八”惨案的血雨腥风尚未消散，奉系军阀的野蛮统治又接踵而来，北方大革命转入低潮。年仅十八岁的周文彬却顶风而立，在黑暗的逆流中奋力搏击，寻找着政治上的光明。他更加如饥似渴地学习马克思列宁主义，更加坚定不移地向党组织靠拢，终于成为潞河中学也是通州最早的中共党员之一。

为了把众多有志青年引上革命之途，周文彬在我们班开办了“社会主义科学学习小组”，由他主讲马克思列宁主义基本原理。我当时是这个小组的热心成员，从中学到了不少革命道理。接着，文彬又组织进步学生建立了青年团支部。

在大革命失败的紧要关头，即 1927 年秋季，周文彬把康景新、张树棣、宏庆隆、金祥镐和我发展为中国共产主义青年团团员，并于 1928 年转为中国共产党党员。同时成立了潞河中学党支部，由文彬担任支部书记。这是通州最早建立的党支部。

1928 年秋，我和金祥镐考入燕京大学理学院，宏庆隆、张树棣考入辅仁大学。周文彬因革命工作需要放弃了学业，在北京从事地下斗争。我们几个同学仍在他的直接领导下，与他保持单线联系。1930 年，因家庭困难，我不得不转入辅仁大学当“工读生”，毕业后留校当了助教，仍然兼管化学系的图书馆和两个试验室。周文彬常来我处，有时为了工作方便，我们就一起睡在图书馆的桌子上，作彻夜长谈。后来，文彬曾去抚顺、天津等地工作，每年仍到学校看我两三次，时刻关心着我们的成长。

由于党内“左”倾错误的危害，北方各级地下党组织屡遭破坏，损失很大。周文彬反对搞飞行集会、同盟罢工、盲目暴动等“左”的一套，几次受到党内错误处分，甚至被开除过党籍。但他并未动摇革命的信念，忍辱负重地坚持斗争，继续刻苦学习马克思列宁主义理论，加紧充实自己。他经常告诫我们几个党员注意隐蔽，别搞盲动主义。热情地鼓励我安心读书，积累革命资本。他还让我利用化学试验室试制炸药、干电池和军用收发报机等，积累经验，准备将来用于革命战争。正是在周文彬的鼓励下，我于 1932 年组织了“科学社”，试制成功了炸药、防毒面具、无线电收发报机等，一方面支持了当时的革命斗争，一方面也为党培养了一批急需的军工人才。周文彬的求实精神和远见卓识，使我们成长为以后的革命战士，积累了技术知识和力量。我也尽力在经济上给他以资助，因为他那时已是职业革命者，到处奔波，其生活上的困难程度是可想而知的。

1943 年春，我在晋察冀军区工业部工作时，周文彬带领冀东一些同志来区党委开会。会后，他来看我。故友重逢，真是亲热极了，互叙了别情和各自参军与组织武装的经历，特别高兴的是都有了从游击战到正规战的初步经验和体会。文彬要我帮助冀东创办军事工业，并亲自在各兵工厂参观考察了十几天。每到一处他都热情地同工人交谈，问得非常仔细，还经常亲自动手干一干。我请示军区领导后，派出一个军工小组前往冀东，办起了兵工厂，实现了文彬的夙愿。不料，那次见面竟成永诀。

1944 年冬，刘仁同志把周文彬牺牲的消息告诉了我。我顿时心如刀绞，痛哭失声，痛惜党失去了一位忠诚的战士，我失去了一位好战友、好老师。现在，四十多个春秋过去了，可是他那熟悉的面庞依然在我眼前闪现，那亲切的话语依然在我耳边回响。周文彬虽然没能看到抗日战争和全世界反法西斯战争的最后胜利，没能看到中国人民的彻底解放，就过早地离开了我们，但是，他那谦虚谨慎，朝气蓬勃，不屈不挠，无限忠于党、忠于人民的高贵品质将万古流芳。

宏庆隆：潞河中学走出的坚定革命者

宏庆隆，化名冯文堂、张子华，1905 年出生于河北省饶阳县留楚镇一个贫苦的农民家庭，1923 年考入潞河中学读书。

1926 年夏天，宏庆隆到了武汉，接受了党的教育，加入了中国共产党。1927 年 2 月，他受到党的派遣，又回到了潞河中学，在那里，他宣传马列主义，培养骨干分子，推动党组织建设，发动学生运动。当年秋天，潞河中学党支部成立。

1928 年高中毕业后，宏庆隆到了中共北平市委。1929 年 12 月，中共顺直省委派他到唐山任中共市委常委，负责工人运动。当时煤矿工人的境地非常悲惨，他们衣衫褴褛地在黑暗狭窄的巷道中艰难爬行，煤矿工人们都是没有眉毛的，因为嘴里咬着矿灯，火苗就把自己的眉毛烧掉了，他们每天工作十二小时以上，却还是填不饱肚子，简陋的矿井里事故频繁发生，那时的矿井俨然一座暗无天日的地狱。在这个时候，宏庆隆深入临汐、赵各庄、唐庄子三个煤矿，发动工人运动，先后两次被捕，被关押在天津第三监狱。

1931 年，宏庆隆出狱后，中共顺直省委派他到石家庄中共直中特委，任宣传委员，负责工人运动。1932 年 1 月 8 日，他参与指挥了慈峪的两次农民暴动，并准备了 1932 年秋天到 1933 年 1 月的正定、新乐、行唐、灵寿和藁城五县的农民联合暴动。

1933 年 3 月，由于叛徒出卖，中共直中特委遭严重破坏，宏庆隆回到中共顺直省委，后被派到唐山、滦县一带工作，被捕后壮烈牺牲，时年二十八岁。

2019 年 8 月 14 日《北京日报》

永远的丰碑

——纪念周文彬学长诞辰一百周年
暨中共通州第一党支部——潞河中学支部成立八十周年

在我国抗日民族解放战争的艰苦年代里，一位朝鲜革命者把中国作为自己第二祖国，同我国人民一起为抗击日本帝国主义侵略浴血奋战，最后血沃冀东抗日疆场。这位伟大的国际主义战士，一直为中国人民所敬仰和怀念，他的光辉名字叫周文彬。

一、出身革命家庭

周文彬，原名金成镐，朝鲜人，1908 年 9 月 23 日生于朝鲜平安北道新义州红南洞，兄妹五人，排行第三。1910 年，日本帝国主义吞并朝鲜后，父亲金基昌因参加朝鲜独立革命运动被捕。在监狱里，金基昌受尽了酷刑，但他坚贞不屈，敌人毫无办法，于是把他流放到巨文岛上服了一年的苦役。他不甘心这样下去，多次找机会逃跑。后来，在其他爱国志士的帮助下，他终于逃了出来，但不敢回家，于 1914 年逃亡来中国。他先到了上海，后来又到了天津、北京。通过南开校长张伯苓，金基昌把一些流亡中国的朝鲜爱国青年送入北京汇文中学和通县潞河中学读书。他选定通县复兴庄作为自己家庭的定居地，以便使自己的四个儿子在旁边的潞河学校上学。然后，他托人给家里带信，让妻子洪基柱带孩子们迁来中国。

金成镐是在革命家庭里成长起来的孩子。父亲金基昌，是朝鲜革命者，一直为自己祖国的民族解放事业而奋斗。大哥金承镐早年参加朝鲜革命，死在日本帝国主义屠刀之下。二哥金永镐，曾就读于潞河中学。在校时，非常爱好体育活动，不仅在国内运动会上多次获得竞赛第一名，而且在远东运动会上取得了优秀成绩。他在外出参加体育竞赛活动中接受了革命思想，后来加入了中国共产党。四弟金祥镐，也在潞河中学上过学，非常爱好体育活动，并且成绩优秀，后来也加入了中国共产党。妹妹金信正，出生在中国，后来参加了中国社会主义建设工作，并做出了重大贡献。他的母亲洪基柱，是一位善于经管家务而又有正义感的劳动妇女。她教育子女非常严格，对家庭成员的革命活动极表同情，并给予最大支持。

家庭对金成镐的影响很深。父亲常以亲身经历讲述日本帝国主义侵略中朝的罪行，这在金成镐幼小的心灵里播下了仇恨帝国主义的种子。

金成镐七岁的时候，在朝鲜进入红南洞小学读书，日本人要接管小学，他就伸臂叉腿截挡日本人。这虽是个小孩子的举动，却轰动了整个新义州。

日本侵略军占领朝鲜后，强迫新义州公立小学的学生们都必须到日本人开办的日语学校读书。大部分同学都不敢不去。教室里只剩下金成镐和二哥两个学生。他们的老师饱含热泪专为他们哥俩上了朝鲜三千里江山的最后一课。那天他俩听得更加聚精会神，不眨眼睛，屏气凝神，直盯着老师那张因激动而颤抖的嘴唇，洗耳恭听从那儿迸发出来的每个音节以及每个字所包含的新意。他们亲自经历的最后一课与课本上都德的《最后一课》相得益彰。那一天的个把小时，老师讲课引发出来的爱与恨，如铁铸钢浇灌注全身，决定了他的一生。

二、在潞河的革命斗争

1915 年，金成镐一家人在通县定居下来，不久，加入了中国国籍。通县有着悠久的历史，在近代历史上，革命志士层出不穷。

（一）背景：通州和潞河的革命斗争

1900 年义和团运动失败后，中国国内风起云涌的反帝斗争迫使教会当局改变了对华策略，提出了“基督教教育中国化”的口号。在课程上增加了数学、物理、化学等自然科学课程的比例，在招生和学生毕业出路上也废弃了以往的规定，在学校经营上主张自养。这种变化客观上改变了学生成分，也使师生有机会更多地接触资本主义上升时期的自由、民主思想和先进的自然科学知识，为进步思想的滋生创造了条件。辛亥革命时期，蔡德辰在“协和书院”中领导同盟会的活动，并发动起义，于 1912 年 1 月 17 日英勇就义。蔡德辰牺牲后，遗体由同学们抬回书院，全院师生集会，深切悼念年仅十八岁、风华正茂的反清志士蔡德辰。经师生们商议，烈士遗体暂厝于校园内大水塘旁，并将水塘命名为“振民湖”，湖旁土山命名为“德辰山”，永留纪念。

1917 年 10 月，俄国十月革命建立了世界上第一个无产阶级当家作主的社会主义国家。在十月革命的影响下，1919 年 5 月 4 日，北京爆发了爱国学生运动，好像一场震撼封建统治的大地震，它的“冲击波”迅速传播全国各地。

当时，有北京的大学生来通县和潞河中学讲演，慷慨激昂，声泪俱下，深刻揭露了帝国主义侵略中国的野心，痛斥“巴黎和会”欺压中国人民的阴谋，反对卖国的“二十一条”。潞河中学的爱国青年学子们愤怒了，他们很快组织起来，到街上宣讲、集会讲演、贴标语，反对卖国的“二十一条”，反对卖国贼，使广大市民了解“巴黎和会”的真相，揭露帝国主义侵略阴谋，唤醒了通州的广大人民。

“五四”爱国学生运动还是一次新文化运动，“提倡民主，反对专制；提倡科学，反对迷信；提倡新文学，反对旧文学”。曾有北京大学的革命师生组成的“十人团”来通县和潞河中学讲演，提高了人民的觉悟。潞河中学的青年学生，也组织了“十人团”，利用假日到城内，到燕郊、张家湾等集市讲演，揭露帝国主义的侵略阴谋，反对腐朽的封建统治，宣传新文化，以提高广大农民的觉悟。

在五四运动中，爱国的学生们把 5 月 7 日（日本侵略者向袁世凯提出承认卖国“二十一条”的最后通牒日）定为国耻纪念日，进行纪念活动，召开国耻讨论会，标语上写着“当为国耻流血”。还举行提灯游行，大家唱着：“五月七日，五月七日，勿忘吾国耻！二十一条，二十一条，是灭亡中国的二十一条……”学生们泪流满面，泣不成声。他们口里喊着：“不忘国耻恨，勿忘民族仇。”这一纪念活动坚持了数日之久。

此后，北京的马克思主义群众团体和共产党组织与通州的工人农民建立了联系，并多次派人来通州传播马克思主义和革命思想。其中一次比较大的宣传活动是 1925 年 6 月中旬，发动学校师生、个人、农民上街集会游行，声援上海发生的“五卅运动”。这次集会游行是由具有共产主义思想的女师教师杨秀峰（1930 年加入中国共产党）组织发起的。潞河中学、男师、女师、女中推选代表在集会上演讲，声讨日、英帝国主义屠杀工人的罪行，号召全县人民抵制洋货，高喊口号：“打倒帝国主义！”“抗议卖国政府！”会后学生查封了商店里的日货、英货。这些活动宣传了党“反对国际帝国主义，反对封建军阀”的革命思想，并为中国共产党组织的建立奠定了思想基础。

（二）中国也有坏蛋

金成镐就是在这动乱迭出、内忧外患和土肥物丰、地灵人杰的环境中，逐步成长起来的。

金成镐他们来到通县后，父亲在复兴庄租了三间房子。母亲用带来的变卖家产的钱买了十亩地。父母抛弃全部家产，流落在异国他乡，要养活七口之家，生活是十分艰难的。父亲种菜、栽葡萄，挑到城里去卖。母亲养了几十只鸡。为了把自己的儿子培养成救国之才，父亲先后把永镐、成镐和祥镐送进学校读书。

成镐在1916年开始在潞河小学读书。二哥永镐在中学努力学习农业、畜牧业知识。哥俩打算开办一个奶羊场。后来，父亲凑钱买回来三只奶羊，交给哥俩饲养、放牧。但是，半殖民地半封建的旧中国同殖民地的朝鲜一样，也绝不是劳动人民的乐园。当时，为争夺北京政府的控制权，各派军阀混战不休，人民遭殃。派捐派款，抓丁拉夫，烧杀抢掠，无日不有。通县地处京畿，百姓受害尤甚。金成镐家养的几十只鸡和三只奶羊也都被抓走。金成镐深深感到，统治中国的军阀和统治朝鲜的东洋鬼子一样坏，都是穷人的死对头。要铲除人间不平，就必须把一切坏蛋都打倒。

金成镐在上学期间，一贯勤奋好学，品行很好，在老师的指导下，刻苦钻研。每逢节假日，他不是帮助父母做家务劳动，就是在家里复习功课。他还十分重视体育锻炼，无论冬夏，从不间断。他从未忘记过自己的祖国，一直坚持自学朝鲜语。在中国定居后，他父兄都参加了中国革命，在父兄的影响下，他思想一直追求进步，向往革命。

（三）革命兄弟

20世纪二三十年代，是中国人民革命斗争高涨的年代。

“南陈北李，相约建党。”以五四运动为开端，北京成为北方大革命的中心。党的主要创始人李大钊，更成为广大热血青年的崇拜者和学习的榜样。在李大钊的领导下，北方大革命掀起了高潮。京郊的通县，也被卷进了大革命的风暴之中。1925 年 6 月 25 日，金基昌同许多京郊农民一起，参加了在北京举行的三十万人反帝示威大游行。回来后，金基昌对自己的孩子们说：“有共产党，有李大钊，中国不会亡国，中国有希望了！”又说：“看来光死读书还救不了国，你们哥仨应该像李大钊那样，又读书，又革命。”

当时，潞河中学是一所具有革命传统的学校，它较早地受到了大革命的洗礼。李大钊等编辑的《新青年》《每周评论》《工人周刊》等革命刊物和他的许多文章，早就在进步师生中争相传阅。永镐、成镐已对李大钊有较多的了解，金家三兄弟千方百计地寻找进步刊物，他们尤其喜欢李大钊的书籍和文章。他们从李大钊那里学到了革命道理，学到了马克思主义的理论，他们是在李大钊影响和教育下成长的新一代革命者。这样，金家三兄弟在潞河中学成了最激进的学生。

1925 年初冬，永镐和成镐邀集十几名进步学生，步行到北京，参加了以推翻段祺瑞政权、建立国民政府为目的的“首都革命”。1925 年 11 月 29 日，在天安门前举行国民大会，他们终于看到了自己仰慕的李大钊。大会后，几十万群众举行盛大的示威暴动。哥俩直接参加了包围执政府的斗争，亲眼看到段祺瑞反动政府的大员们，被群众暴动吓得如鸟兽散，堂堂执政府被搞瘫痪了。他们兴奋极了，从中看到了群众的力量，看到了中国共产党的领导作用，自己也仿佛一下子长大了许多。刚满十八岁的金成镐，悟出了一条真理：只有中国共产党才能救中国。金成镐做出了一个庄严的选择：“要加入中国共产党，跟着李大钊干革命。”

第二天，永镐、成镐邀集其他进步同学，分头向全校同学介绍了“首都革命”的壮烈场面，并把“打倒段祺瑞卖国政府”“打倒一切帝国主义”“拥护广东国民革命政府”的标语贴满全校。

从此以后，金家三兄弟更加积极地学习马克思主义，积极宣传革命道理，组织革命活动，被全校进步师生誉为“革命三兄弟”。

在这期间，年长一些的金永镐显得更加成熟。他在北京大学通过几个朋友，终于找到了北大的党组织。“三一八”惨案后不几天，他就和一批有志青年加入了中国共产党，成为三兄弟中的第一个党员，成为金成镐入党的引路人。

（四）加入中国共产党

1926 年 3 月 12 日，两艘日本军舰突然炮击天津大沽口，炸死炸伤国民军官兵多人。事后，日本又纠集英、美、法、德等八国公使，以《辛丑条约》为名，提出最后通牒，蛮横要求国民军撤防，限四十八小时内答复。

大沽口事件激怒了中国人民。在李大钊和中共北方区委的组织发动下，3 月 18 日，北京十多万群众举行示威大会，段祺瑞命令军警向手无寸铁的请愿代表枪击刀刺。一时间，铁狮子胡同执政府门前血流满地，这就是震惊中外的“三一八”惨案。

接着，由帝国主义操纵的“讨赤联军”，向冯玉祥领导的国民军发动了全面进攻。国民军被迫由京、津撤退到南口。直奉联军控制了北京政权，反革命得手，一时间形势骤变，黑云压城，白色恐怖笼罩了北方。

奉系军阀张作霖纠集各种反对势力，把镇压革命的告示贴满全城：“宣传赤化，主张共产，不分首从，一律死刑。”李大钊更是屡遭通缉，不得不将国共两党在北京的领导机关迁入位于东交民巷苏联大使馆西院的旧俄国兵营内。各级组织也转入了地下斗争。

反革命的逆流也冲击了潞河中学。新驻通州的奉军到处搜捕共产党员和革命群众，学校的反动势力开始猖獗起来。那些动摇不定的中间派，不少人倒向了反动势力。有些平时颇激进的学生，这时也消沉了。面对突如其来的狂风暴雨，金成镐一时也免不了有点茫然和迷惑，但是他没有退却，而是在思考更深层次的问题，在求索革命的新径。他读到李大钊的文章《艰难的国运与雄健的国民》。他在笔记本上写道："革命有退潮必有来潮，进路经逼狭定到平坦。我要在退潮时去闯险滩，在逼狭的险路上去领略奇绝壮美的景致。"他更加迫切地要找到党，要加入党组织。

有一天，他从二哥的褥子底下发现了一本《共产党宣言》，就向二哥表示想参加共产党。永镐把成镐要求入党的决心向支部书记做了汇报。不几天，党组织批准了金成镐的入党申请，指定金永镐做他的入党介绍人。

1926 年 7 月的一天，成镐由永镐主持，在党旗下举行了庄严的入党宣誓。

（五）通州潞河中学党支部的建立

加入中国共产党后，金成镐决定先发展党的组织，扩大党的队伍。他在班级组织起"社会主义科学学习小组"，对外叫"社会学学习小组"，学习马列主义理论。研究的题目有："马克思主义学说包括哪些内容""什么是社会主义""什么是共产主义""俄国革命与中国目前革命的关系"等等。由于学习内容新鲜而丰富，饱尝帝国主义压迫和军阀混战之苦的广大同学如久旱逢甘雨，纷纷参加，学习热情很高，小组成员最多时曾达到三十人左右。其中不少人认识到：只有走"俄国人的道路"，才能打倒帝国主义和封建主义，使半殖民地半封建的旧中国变为没有剥削和压迫的新中国。一大批同学团结在他的周围，建立了潞河中学最早的青年团支部。

1927 年，蒋介石在上海发动了"四一二"反革命政变，汪精卫在武汉发动了"七一五"反革命政变，大革命失败。国民党反动派对共产党员和革命群众实行大逮捕、大屠杀。中国共产党的许多优秀干部，群众运动的领袖，成千上万的共产党员、共青团员，革命的工人、农民、知识分子以及党外革命人士倒在血泊中，党的活动被迫转入地下。据党的六大的不完全统计，从1927年3月到1928年上半年，被杀害的共产党员和革命群众达三十一万多人，其中共产党员二万六千多人。在极其险恶的局势下，党的队伍中的一些人在政治上、思想上陷入混乱状况，党内存在着相当严重的消极情绪。一些不坚定分子动摇悲观，登报声明脱离共产党和共青团。有的人甚至公开向敌人忏悔，攻击共产主义和共产党，出卖党的组织和同志，成了可耻的叛徒。据1927年11月的统计，党员数量由大革命高潮时期的近六万人急剧减少到一万多人。

1921年7月，一大，五十多名党员。1922年7月，二大，一百九十五名党员。1923年6月，三大，四百二十名党员。1925年1月，四大，党员九百九十四人。1925年10月，党员已达三千人。在北伐胜利进军和工农运动大发展的有利形势下，到1926年9月，党员已达一万三千二百八十一人。1927年4月，党的五大召开，党员发展到五万七千九百六十七人。

在严重的白色恐怖下，真正的革命者仍然坚持斗争。一些追求进步的人士，在革命的危难时刻加入到党的队伍中来。如年逾半百的老教育家徐特立、著名文学家郭沫若和在国民革命军中担任领导职务的贺龙、叶剑英、彭德怀等，都在这时加入了中国共产党。

在这个历史的紧要关头，金成镐不但没有任何动摇和退缩，反而坚定地站在党和人民的一边，顶着国民党反动派制造的白色恐怖，进一步加强革命活动。1927年夏，经过慎重筛选和组织批准，金成镐在学校里相继发展了共青团员宏庆隆（又名冯文堂）、张树棣、康景新（又名康健生）、金祥镐（朝鲜人）、张学渊（又名张珍）、申哲（朝鲜人）等人加入了中国共产党。后来，金成镐与北京大学地下党取得联系，经中共北京地委批准，成立了中共潞河中学支部。金成镐任支部书记，宏庆隆、康景新任支部委员。（《中国共产党北京市通县组织史资料（1923—1987）》9—10页）这是通县建立的第一个中国共产党支部。

党支部成立后，他积极组织党员揭露国民党反动派叛变革命的罪行，宣传党的革命主张，打击校内暗藏的国民党反动分子，并联合通州男师和女师革命学生共同开展革命斗争。为发展革命力量，他还在校内开办了夜校，组织校内工人学习文化，宣传革命思想。在他努力工作下，支部工作由潞河中学扩展到男师、女师、铁路东站和附近农村，并发展了潞河中学教工张文奎、女师的马国英、男师的王继瑞、农民李福祥等十多人加入了中国共产党。

根据形势发展的需要，经中共北京市委批准，1928 年 2 月，建立了中共通州潞河中学中心支部，支部书记仍由金成镐担任，张学渊等分别担任组宣委员，后由康景新继任支部书记（1928 年 7 月至 1929 年 2 月）。

1927 年 7 月以后的一段时间里，国民党各派新军阀和政客既相互勾结，又为争夺最高权力互相争斗，以至兵戎相见。1928 年 2 月，蒋介石先后担任国民革命军总司令兼军事委员会主席，国民党中央政治会议主席和国民政府主席。蒋介石控制了军权、党权后，为了与日本帝国主义支持下的奉系军阀争夺北方的统治权，国民党军队于 1928 年 4 月继续进行“北伐”。5 月 9 日，逼近京津，张作霖见大势已去，率部出关。6 月 8 日，新军阀阎锡山的第三集团军开进北京，该集团军的第二旅进驻通州城。从此通州又进入了一个新的反动统治时期。通县县署改为县政府，县知事改称县长。但仍然是大地主、大资产阶级的独裁专制，只是所代表的帝国主义和买办势力不同而已。形势的变化使中共党组织步入了一个新的战斗阶段。

1928 年 5 月 1 日，蒋介石的军队北进至济南。日本帝国主义为阻止英美势力向北发展，于 5 月 3 日借口保护侨民也进军济南，并杀害济南军民一万余人，制造了“济南惨案”。惨案发生后，激起了全国人民的义愤，北京还举行了游行示威，抵制日货，呼吁全国人民奋起抵抗。消息传到了通州，各学校师生纷纷上街演讲、贴标语，反对日军暴行。为组织好这次斗争，中共通州潞河中心支部成立了

"反帝大同盟"组织，并指定高玉国为"反帝大同盟"负责人。"反帝大同盟"通过各学校学联组织了一次大规模的游行示威，女子师范学校、男子师范学校、富育女中的广大师生、部分小学和一些市民参加游行。在大街上撒传单、贴标语、进行演讲，高呼："打倒日本帝国主义！"广大师生还纷纷发表通电，要求蒋介石政府维护祖国领土主权。

通过这次大的行动，潞河中学的国民党右派分子，看到共产党支部不仅掌握了潞河中学的大多数师生，而且还能发动校外的群众参加革命活动，十分恐慌。因此在"国民革命军"第三集团军第二旅进驻通州后，校内的右派分子吴邦允等，阴谋篡夺被中共支部掌握的学生自治会的领导权，以抵制金成镐等人的革命活动。他们在精心策划后，抛出了一个"候选人名单"，预谋在选举执委时控制选举，骗取选票，把反动学生选上去，打击革命力量。金成镐了解这一情况后，为回击反动分子的阴谋，在改选投票前，他挺身而出做了一个慷慨激昂的演讲，揭穿"候选人名单"中不是出身豪门满身恶习的花花公子，就是崇洋媚外善搞阴谋诡计的卑劣小人，号召同学们擦亮眼睛，不要上当。金成镐的演讲激起学生们的极大义愤，纷纷当场质问"名单"里都是些什么人，有的当场揭露某人是军阀的少爷，某人是土豪劣绅的子孙，会场立即鼎沸，在学生愤怒斥责声中，这些坏分子灰溜溜地逃出会场，反动分子的阴谋被粉碎了。通过这场改选学生会执委的斗争，金成镐更加得到同学们的拥护，而反动分子更加忌恨他。

国民党右派并不甘心自己的失败，他们整天跟踪金成镐等人，寻找下手的机会。1928 年暑假，同学们相约在毕业仪式后，到金成镐家搞一次分别前的"茶话会"。这天午饭前，通州驻军突然包围了金成镐的家，逮捕了金成镐和帮助他制羊奶冰糕的康景新等几名同学，并乱搜乱翻了他家的住宅。时过不久，同学们三三两两地来到金家，被荷枪实弹的大兵挡在门外。同学们愤怒地质问："为什么不让我们开‘茶话会’？”经他们再三追问，才了解到是那些忌恨金成镐的坏家伙存心报复，陷害了金成镐等同学。金成镐等几名同学被抓到军营里，谁也没有承认自己的身份，而且据理力争，一再质问驻军：“说我们是共产党员，有什么凭据？”

“你们占领通州不到一个月，怎么知道校内的情况？”

“到底是谁诬告我们？”

党支部为了营救被捕同志，发动全校师生多次到军营抗议军队“无故抓捕学生”，并派代表到军营中交涉质问。反动军队抓不住一点把柄，又搪不住金成镐等人的质问和老师同学们的抗议，不得不释放全部被抓的同学。在释放时，金成镐连连向驻军抗议：“无故捕人是侵犯人权，捏造罪名告密，应追查诬告罪。”事后，金成镐同志对这次事件做了总结，他对同志们深有感慨地说：“反动派依靠枪杆子能随便抓人，我们也要有军队，才能保住自己，才能夺取政权，才能实现我们的理想。”他怀着无限向往的心情激动地说：“现在南方各省都在闹红军，是毛泽东同志领导的，这就有了大希望啊！”

1928 年 7 月初，金成镐在学校即将毕业。一天下午放了学，金成镐看见一个美国人正在纵狗咬一位同学，为同伙取笑。金成镐怒不可遏，抄起一根木棍将狗打了个半死。校长知道了，就将金成镐叫到校长室，斥责道：“你胆子真不小，打狗就不看主人？”原来纵狗咬人的是校长的姑爷，强迫金成镐赔偿医药费、赔礼道歉。

金成镐质问说：“我知道你是学校的主人，但我打的不是你家的狗，我也没打伤你，赔你什么医药费？”

校长说：“我要你为狗的主人赔礼道歉，赔偿给狗治伤的医药费！”

金成镐接着说：“到底是狗，还是人？打了狗给你道歉！你们纵狗伤人，还要赔你们的医药费？”

同学们听争吵声就一齐拥到校长室，帮助金成镐讽刺挖苦起这个洋校长：“你们把狗看得比人还重要，难道我们学生还不如你们的狗？应把你姑爷叫出来，替狗给我们赔礼道歉！”

校长听着不是味，问道：“你们怎么总是把人和狗混在一起？”

大家异口同声地说：“这本来就不是人干出来的。”

校长大怒：“你们给我滚！”

就这样，金成镐被同学们簇拥着出了校长室。社会学教师吴志铎给金成镐毕业纪念题词中说：“其思想贯彻古今，力评诸家，‘打狗吹音’，真有出人头地处。”

后来，毕业的时候，校长硬说金成镐煽动学潮，以不发给文凭作为报复，但对于一个革命者来说，一纸文凭又算得了什么呢！

三、地下尖兵

（一）为了革命，放弃高考

1928 年暑假，上级党组织决定从潞河中学党支部抽调一名精明强干的人，专门做党的地下工作。这就意味着马上要中断学业，立即转入地下。面对党的需要，支部召开会议，宏庆隆、康景新、张珍等纷纷要求放弃高考，承担任务。金成镐非常清楚，大家都在积极复习，准备高考。含辛茹苦十年来，成绩在学校也是拔尖的，大学的门槛就在眼前，伸腿可进，谁不想到高等学府深造呢？最后，这位潞河中学的高才生，本可以有机会考上大学，却决定自己放弃高考，从事地下工作。不久，张珍和金祥镐考入了燕京大学，宏庆隆和张树棣考入了辅仁大学。

在他们入学之前，金成镐主持召开了最后一个支部会。他告诉同志们：“咱们很快都要进入北平，仍然是一个党支部，你们只与我发生单线联系，彼此之间不得发生横的联系，不经组织同意，更不得和其他组织及个人发生联系，这是党的纪律。从今以后，我的名字改为周文彬，你们不要找我，有什么事，我会找你们的。”

从此，金成镐便以“周文彬”的化名，开始了充满危险的地下工作。他经常秘密深入大学区，把党的指示和文件带给张珍，再由张珍等人分头向学生传播，革命的热流更加有力地在大学生中流动起来。

（二）推迟婚事，终身未婚

为了谋生，也为了工作的便利，周文彬一家由通县搬到了北平市的海淀区，开办了一所“金氏牧场”，饲养一百多只奶羊，所得收入，除维持全家生活及供给弟弟、妹妹上学外，周文彬将其中大部分用于党的活动经费。

这时的周文彬，已经是个真正的成年人了。母亲见儿子出息得一表人才，打心眼里高兴，就想给他介绍一个朝鲜姑娘，成家立业。但他总是推辞说：“不着急，等事业完成后再说吧！”又说：“你看，我这样一个人，没有任何负担，多么好呀！”这样，周文彬为了中国的革命，终身未婚。

（三）虎口脱险，离开北平

1930 年夏，一天夜里，特务突然来到周文彬家，情况非常危急。周文彬翻过后院的土墙，跳进邻居的一个羊圈里。羊圈主人张大伯给周文彬一个老羊皮袄。周文彬反披在身上，和羊挤在一起，逃过了特务的搜查。周文彬在张大伯家里待了三天，街上稍稍平静后，他便告别了张大伯，找到了上级，汇报了这几天发生的情况。上级告诉他，党内出了叛徒，要他马上离开北平。这样，周文彬被派到抚顺做地下工作。

这期间，在周文彬的鼓励和引导下，1932 年，张珍大学毕业后在学校当助教时，组织了“化学社”，秘密试制弹药、防毒面具和电台等，支援了当时的革命斗争，也为党培养了一批军工人才。

（四）去留抉择，孤身留在中国坚持战斗

周文彬自从遭到特务的袭击后，日子越来越不好过了。由于周文彬远走关外，经常不在家，父亲越来越年迈多病，无人照料家业。周文彬就把潞河中学的两位老校工请了来，帮着金家养护奶羊。

金家遭难不久，周文彬的父亲得了偏瘫，二哥的肺病也越来越重。久病思乡，叶落归根。父母决计回朝鲜去，一家人又一次面临着去国离乡的抉择。1933 年的一个晚上，一家人经过商量，结果周文彬、四弟金祥镐、小妹金信正留在中国，其余人回朝鲜。父亲走后，周文彬一方面经营奶羊场，供给弟妹学费，一方面以主要精力投入了党的地下工作。1935 年，祥镐和小妹也回朝鲜去了，他独自留在中国，为中国人民的解放事业而忘我斗争。

四、领导开滦矿工大罢工

发生在 1938 年 7 月的冀东人民武装抗日大暴动，是中国共产党在敌后组织的一次反对日本侵略者的伟大壮举。在短短两个多月，东起山海关，西到潮白河，北从雾灵山，南至渤海滨，在二十多个县的广大地区，组成武装齐整的十万余人的抗日部队。起义军与八路军协同作战占领了兴隆、昌平、蓟县、平谷、玉田、宝坻、卢龙、迁安、乐亭九座县城，横扫敌伪的反动设施。被日本侵略者蹂躏五年之久的冀东人民，一扫愁眉苦脸，欢欣鼓舞，高唱凯歌。这一起义的胜利，震撼平津轰动全国，沉重地打击了日本帝国主义在冀东的统治，配合全国抗战扩大了我党我军的影响，为开创冀热辽抗日根据地奠定了基础。为收复东北，争取抗战的胜利，做出了一定的贡献。

冀东历来是兵家必争之地。它北踞长城，南临渤海，西控京津，是东北通向华北的咽喉要道。这里不仅有丰富的物产可资军需，而

且深山密林，可供迂回。是我进可攻、退可守的理想战场。

日军侵占东北三省后，为吞并全中国，就首先夺取冀东。早在1933年初，他们就兴兵攻占长城各口。驻守在喜峰口、冷口、古北口一带的国民党爱国官兵在冀东人民的支援下奋起反击，后因国民党政府不予援助而失败。1933年5月31日，国民党政府不顾全国人民的反对，竟同日本侵略军签订了臭名昭著的《塘沽协定》，把冀东划为非军事区。接着1935年，国民党政府又搞了个《何梅协定》，把冀东拱手让给了日军。汉奸殷汝耕组织“冀东防共自治政府”。从此，冀东就完全沦陷为日本侵华的军事跳板和兵站基地。六百万冀东人民，就变为日军铁蹄下的亡国奴，过着暗无天日的悲惨生活。

冀东人民是具有光荣革命传统和斗争精神的，他们和东北人民有着密切的联系，深知亡国奴的痛苦。面对日本侵略者的残暴统治，进行了不屈不挠的斗争。早在1934年初，冀东北部的迁安县就发生过人民抗日的武装暴动。由于当时“左”倾错误的影响，暴动的队伍被敌人镇压了下去。随后，兴隆县的孙永勤又扯起抗日的旗帜，组织数千人的救国军，辗转游击于长城内外，给敌伪以沉重打击。后来这支抗日军队遭到国民党反动派和日军的暗算，被诱骗到遵化县境内的茅山，四面包围，予以围歼。孙永勤率领这支队伍，英勇冲杀，以一千多人的伤亡和自己的壮烈牺牲，给了敌人以大量杀伤。曾使敌人惊心丧胆的义勇军虽然消失了，但他们的战斗精神，仍活在人民的心中，激励着广大人民的救国热情和中华儿女的抗日决心。

七七事变后，随着日本帝国主义侵略行径的发展，中共中央向国民党政府和全国人民，提出了一系列抗日主张和战略方针。1936年“西安事变”和平解决后，中国政治形势有了很大变化，中国共产党与国民党终于在1937年实现了第二次合作，形成了以国共两党为主体的抗日民族统一战线，出现了全国抗战的新局面。中共中央于8月下旬在陕北召开的洛川会议上通过了《抗日救国十大纲领》，确定共产党领导的军队出兵华北执行独立自主的山地游击战的战略方针，担负开辟敌后战场，配合正面战场，建立抗日根据地的基本任务。毛泽东同志在洛川会议上指出，红军可以一部于敌后的冀东，以雾灵山为根据地进行游击战争，创建冀热边根据地。与此同时，中央军委将在陕甘宁边区的红军改编为国民革命第八路军，立即东渡黄河，挺进华北抗日前线，打击侵华日军，创造包括晋察冀边区在内的华北抗日根据地。中共中央北方局指示河北省委，抗日战争爆发后，河北省委的中心任务是配合八路军，广泛开展敌后游击战争。党的工作重点要放在农村。城市工作要短小精干，由公开半公开的活动转入秘密工作，埋头苦干，积蓄力量，动员干部和党员去农村，并尽量去平津周围的农村，宣传抗日主张，准备发动游击战争，配合八路军建立以燕山山脉为中心的抗日根据地，不失时机地抓紧准备冀东抗日武装起义。北方局决定派当时的河北省委书记李运昌回到冀东进行起义前的准备工作。

在北方局的领导下，河北省委从思想、组织准备上投入了紧张的工作，先后派不少党员干部和积极分子到冀东工作，深入农村、矿山发动群众，做武装起义的组织领导工作。1937 年夏，中共河北省委派周文彬担任唐山工委书记，并成立中共唐山工作委员会，主要开展开滦煤矿的工人运动工作，为发动冀东抗日武装大暴动做准备。

周文彬在唐山华东电料行以修理收音机作为掩护，从事党的秘密工作。由于他技术出众，很快得到经理赵永生的赏识和信任，并让他搬到自己的宿舍去住。周文彬利用便利条件，在宿舍安设了一架收发报机，向领导机关发出情报和收接上级党组织的有关指示。后来，周文彬电台电波被敌人发现，引起了怀疑，便离开了电料行。周文彬利用看病的本领经常深入工人区，每到穷苦工人聚集的地方，边给工人看病，边讲些通俗易懂的革命道理，启发工人的斗争觉悟。周文彬先后在唐山和赵各庄等地活动，秘密恢复和发展了党的组织，使党在工人中的影响越来越大。

当时在冀东地区，英、日帝国主义为争夺开滦煤矿正发生尖锐矛盾，掌握开滦煤矿矿权的英国资本家，为攫取更高利润，利用日本在侵华战争中对煤炭需求量大大增加的机会，极力加紧对矿工的压榨，抬高煤价；日本帝国主义则利用矿工与英国资本家的矛盾，极力怂恿和煽动矿工斗争，企图乘机夺取开滦煤矿。根据这个情况，河北省委决定让当时任唐山工委书记的周文彬亲自领导开滦矿工斗争，打击英、日帝国主义反动图谋，为发动冀东抗日大暴动做准备。

1938 年 3 月 12 日，赵各庄矿长陈甲三为加强对矿工压榨，决定建立井下牌子房，实行井下记工制度，激起矿工极大愤怒。周文彬抓住这个时机，组织地下党员和骨干分子秘密串联矿工，在 3 月 16 日实行井下记工制的第一天，都不去拿记工牌。陈甲三见到这个情况强令矿工下井必须拿记工牌，愤怒的矿工群起捣毁了牌子房，赶跑了查工人员。陈甲三见势不妙，被迫与工人代表举行谈判，代表提出了“取消井下记工制”等六项要求。陈甲三对工人要求采取拖延战术，迟迟不作答复，同时派人修复被捣毁的牌子房，妄图继续坚持井下记工制。陈甲三这一反动行径更加激起矿工的愤怒，从而点燃了开滦矿工大罢工的导火线。

3 月 21 日晚，周文彬主持召开了地下党员和矿工积极分子参加的秘密会议，商讨对策。周文彬提出了“先把矛头指向英国资本家，同时提防日寇的参与和破坏”的斗争总策略，决定 22 日举行全矿总罢工。22 日下午一点钟，赵各庄一万多名矿工爆发了总罢工，愤怒的工人包围了煤矿办公大楼，向陈甲三展开了尖锐斗争。

在赵各庄矿工罢工影响下，附近的林西矿、唐家庄矿矿工也相继举行了罢工。为了把东三矿罢工工人团结在统一的纲领之下，周文彬和唐山工委通过组织工作，联合三矿工人成立了东三矿罢工委员会。在周文彬和唐山工委领导下，东三矿矿工罢工斗争坚持了半个月之久。至 4 月 9 日，唐山矿和马家沟矿矿工也参加了罢工斗争，从而形成开滦五矿三万五千名矿工声势浩大的总同盟罢工。

开滦五矿矿工总同盟罢工，给煤矿造成巨大的经济损失，最后迫使英国资本家不得不让步答应了工人提出的要求，签订了劳资协约，坚持五十天的同盟大罢工以矿工取得完全胜利而告终，沉重打击了英帝国主义，使日本帝国主义无可奈何，产生了巨大的政治影响。在开滦矿工大罢工胜利影响下，6 月份，乐亭和滦县南部三千多名雇农爆发了“涨活价”的罢工斗争，也取得完全的胜利，从而为冀东抗日大暴动吹响了前奏曲。

五、组织武装暴动

按照冀东地区党组织滦县榛子镇会议的安排部署，确定周文彬负责发动开滦工人罢工和起义的工作，把开滦矿工引导到抗日武装暴动的道路上来，以支持冀东敌后抗日根据地的建设。

开滦矿工大罢工的胜利，使日本帝国主义十分震惊，事后他们千方百计唆使和协助矿主对罢工工人进行反扑，搜捕和杀害罢工委员会领导人。为了自卫，周文彬领导工人组织了武装纠察队，由节振国任队长，同敌人的迫害和镇压展开坚决斗争。

1938 年 7 月中旬，在挺进冀东的八路军四纵配合下，李运昌、洪麟阁、高志远等人组织领导的冀东抗日联军，在滦县、迁安、丰润、遵化等地相继发起了抗日大暴动，暴动迅速扩展到整个冀东地区。在冀东抗日大暴动的鼓舞和抗日联军的配合下，7 月 18 日，周文彬领导赵各庄工人武装纠察队首先举行了起义，攻占了赵各庄矿警察局，伪警纷纷逃散。随后又策应唐家庄矿工举行起义，袭击了唐家庄民团武装。接着林西矿工也起来响应，成批工人加入了暴动队伍。在冀东抗日大暴动期间，共有七千多名矿工参加了冀东抗日联军，成为抗日大暴动的骨干队伍，在中国树立了一面城市产业工人武装起义参加抗日的光辉旗帜。

由于矿区地处铁路沿线，敌人有重兵驻守，暴动队伍很难立足，随后在周文彬、节振国等人率领下，这支工人武装队伍转移丰滦迁农村，编为冀东抗日联军工人大队，经常转战在开滦矿区，成为坚持冀东抗日游击战争的一支劲旅。

六、坚持在冀东

冀东抗日大暴动胜利后，敌人纠集大批军队进行反扑，向各地反复进行疯狂“扫荡”，恢复伪政权，发展特务组织，残暴屠杀抗日军民。在残酷形势下，八路军四纵党委和中共河北省委决定，将抗日联军和八路军主力部队撤往平西根据地进行整训；由四纵留下部分八路军组织三个支队，在群众基础较好的地区坚持游击战争，由四纵政治部副主任苏梅统一领导；同时决定由周文彬负责地方工作配合各支队开展游击战争。1938 年 10 月，四纵和抗联西撤后，冀东的斗争环境更加艰苦、恶劣。周文彬任第一游击支队政治部主任，在冀东东部顽强坚持，英勇战斗。1939 年 3 月，根据中共中央北南分局的决定，撤销了冀热边特委，改设冀东地委，由周文彬任地委书记。同年 7 月，冀东地委又改为冀热察区党委冀东分委，周文彬担任了分委委员。

1939 年秋，周文彬主要战斗在冀东东部地区，配合在这一地区活动的八路军第一支队，转战在以松山峪为中心的丰润、迁安两县山区，同时与刘诚光、丁振军一起重组了抗联第五总队和第九总队，坚持抗日游击战争，在冀东东部逐渐开辟了游击区，并建立了冀东第一个联合县委和抗日民主政权，即中共丰（润）滦（县）迁（安）联合县县委和县政府，周文彬兼任了联合县委书记。

1940 年夏天，周文彬领导指挥了滦东抗日根据地的开辟工作。

与此同时，八路军第二支队和第三支队通过坚持游击战争，在冀东西部也开辟了游击区。1940 年冬，冀东党分委决定在冀东东部和西部建立两个地委，任命周文彬为东部地委书记，李子光为西部地委书记。从此，周文彬又为巩固冀东东部根据地进行了顽强斗争。

在巩固根据地的斗争中，周文彬充分显示了他深入群众、深入实际、知己知彼、多谋善断的卓越领导才能。1941年8月，敌人调集三万多名伪治安军进驻冀东，开展第三次“治安强化运动”，向根据地进行“扫荡”。冀东党分委紧急召开会议研究对策，周文彬以他对敌情第一手情况的了解，认为敌人人数虽多，战斗力不强，建议将主力部队调回冀东，一举歼灭伪治安军，粉碎敌人第三次“治安强化运动”。党分委采纳了他的建议，将主力部队调到冀东，组织打治安军战役。12月15日，战役从遵化四十里铺开始，我军以四个营的兵力，半小时内全歼伪治安军四百五十人，缴获大量军事物资，取得首战的胜利。嗣后经过八十多天的战斗，作战二十余次，全歼伪治安军八个团五千多人，攻克二十多个敌据点，平毁了由遵化石门至宝坻新安镇长数百里的敌“防共壕”，彻底粉碎了敌人第三次“治安强化运动”，取得了辉煌的军事胜利。

在巩固根据地的斗争中，周文彬还充分表现了他关心群众，爱护干部，顾大局识大体，一切从革命利益出发的崇高革命品格。当时在冀东流传许多他在这方面的生动故事。下面略举其中几个小故事：

一是枣红马的故事。当时根据地仍属于游击区，斗争环境十分残酷，周文彬牵着一匹枣红马率领身边同志到各地游击办公，被称作“马背上的政府”。他对这匹枣红马十分喜爱，精心喂养，但骑马的时候却很少，行军的时候，这匹马主要用于为女同志、小同志和体弱同志驮背包、米袋、行李等物，成了“杂货驮子”。一次春节前夕，突然发现敌情，机关需要马上转移，他沉着地向大家说：“这里道路、地形我都熟悉，大家行动要听我号令。”他命令一个女同志骑在马上，自己提着顶上子弹的盒子枪走在最前面，既当向导，又当尖兵。同志们见此情形十分感动，几个同志在行军路上为他编了一首诗：“岁余寒未尽，除夕又行军；烽火连天夜，枪声作炮声；老周身先卒，河马殿后兵。”

二是“周花子”的故事。周文彬生活上艰苦朴素。早在学生时代，他就过着艰苦朴素的生活。中学毕业后，他以革命为职业，没有任何收入，靠同志和朋友帮助维持生活。那时，张珍曾给他很大帮助。他每次来北京，总是买一两个窝窝头，充作一日三餐。抗日战争时，斗争环境极其恶劣，根据地部队和干部的给养是十分困难的。周文彬总是带头省吃俭用，带头做最艰苦的工作。他经常把发给自己的衣服让给别人穿，自己穿着补丁摞补丁的衣服。春夏秋三季，他穿的是很短的衣服，冬季仅穿一身粗布黑棉衣，经常头上戴着一顶破旧黑礼帽，脚上穿着补了又补的黑布圆口布鞋，袜子破得不成样子。一条毛巾总是截成两半，节省着使用。周文彬看上去像个“叫花子”，同志们亲切地称他“周花子”。一次他们住在一个老乡家，穿戴比较整齐的警卫员在打扫房间，他坐在院子里批阅文件。房东老大爷不认识周文彬，指着他向一个邻居说：“你瞧！这个警卫员怎么这么邋遢！”恰好这个邻居认识周文彬，笑着说：“大哥你老眼睛不灵，正好看拧了，他才是大首长呢！”

三是一盘炒鸡蛋的故事。在根据地的斗争中，周文彬经常处于极端紧张的状态中，夜以继日地行军和工作，生活条件极为艰苦，但他从来不接受任何生活照顾。一次在行军途中，两个警卫员看他天天行军，晚上还要工作到深夜，瘦得颧骨都突出来了，感到十分心疼。他们设法搞来几个鸡蛋，炒了一盘给他补补身子。他看了后严肃地对警卫员说：“要说困难大家都困难，为什么单要照顾我？”硬是不吃。最后在他命令下，还是由两个警卫员和房东小孩子分吃了。事后，他特别嘱咐警卫员从自己津贴中，给老乡送去鸡蛋钱。

有关这类的故事当时是很多的，正是这种崇高的革命品格，使周文彬同冀东人民结成深厚的鱼水之情，成为人们无限敬仰和信赖的领导人。

当时在根据地斗争中，最大的困难是缺乏武器和弹药，为此在同敌人的浴血奋战中，我军经常遭受重大伤亡和损失。周文彬经常想，如果根据地能有自己制造武器弹药的军工厂该有多好。为此，他利用赴中共中央北方分局和晋察冀军区汇报工作的机会，找到在军区工业部工作的老同学张珍，到军区的军工厂参观学习十来天。下厂后，他谢绝工厂的照顾，坚持同工人一起劳动，每天一干就到深夜十二点钟以后。他说："冀东区地处天津和东北三省要冲，是敌我争夺最激烈的地区。日伪基础扫荡，几乎天天打仗，弹药消耗很大。如果能就地生产，就地补充，就能更多地消灭敌人。"因此，他如饥似渴地学习军工技术，特别是对制造无烟火药、烈性炸药、子弹、手榴弹、地雷、炮弹等兴趣很浓。在学习过程中，他不懂就问，不怕劳累，亲自操作，恨不得一下子把所有的军工技术都学到手，带回冀东去。

1943 年 6 月，周文彬回到冀东后，立即着手抓军工生产。繁忙的工作之余，他还经常带警卫员试制武器。他把火柴碾成粉面，用水调成糨糊状，然后一点一点地涂在钨丝上（把手电筒泡打碎，取里面的钨丝）晾干，再焊接细铜丝，制成引爆装置，造出电引火地雷，用来炸敌人的火车和部队，曾发挥很大的威力。另外，他还亲自制掷弹筒，他制造的掷弹筒比日本人造的射程远，命中率高，很受战士们的欢迎。随后，在他的要求下，晋察冀军区司令员聂荣臻又让军区工业部派黄锡川等十几名军工生产人员到冀东，帮助他建立了一个军工厂，使冀东根据地有了从自己地区补给武器弹药的来源，极大地提高了部队战斗力，这是周文彬为冀东抗日斗争做出的另一个重大贡献。

1943 年 7 月以后，由于冀东抗日根据地的不断巩固和扩大，中共中央北方分局决定撤销冀热察区党委和冀东党分委，建立冀热边特委，周文彬担任了特委常委、组织部长。

七、血染沃土

1944 年 10 月 16 日，周文彬在丰润主持召开特委扩大会议。会议进行中发现敌情，日军在附近大量增兵，为了安全，周文彬决定全体与会干部当晚转移南部杨家铺，从速结束会议。

会议转移杨家铺的第二天拂晓，外面响起了枪声，日军独八旅团三千多人奔袭合击杨家铺一带村庄，周文彬决定与会干部再次向北转移。到达北面时，敌人已将杨家铺包围。周文彬意识到这是敌人有目的有计划的奔袭合围，转移已是不可能了，于是下达了从马头山南坡进行突围的命令。

突围开始了，周文彬同特委第四地委书记兼专员丁振军，亲自在杨家铺马头山下组织突围战斗。经过激烈作战，由于敌众我寡，伤亡很大。在冲过两道坎时，丁振军不幸中弹牺牲，周文彬也负了重伤，鲜血直流，待冲到沟里时，身边只剩下五名同志了。他意识到突围已是不可能了，便鼓舞同志们："我们一定要打到最后一粒子弹。"他撑起身躯，端起武器，瞄准敌人进行猛烈射击。突然敌人一颗子弹射中了他的头部，这位年仅三十六岁的朝鲜人民的优秀儿子、中国共产党的卓越干部，为中国人民的民族解放事业把鲜血洒在了中华大地上。

在杨家铺战斗中牺牲的，还有冀东区党委宣传部副部长吕光与已经怀有身孕的夫人，那年他才三十岁。还有丁振军，这位使敌人胆寒的年轻地委书记，率领第四地区委警卫连三进三出，本来有冲出去的希望，但为了抢救战友，又几次冲进了包围圈，英勇无畏，最后壮烈牺牲，年仅三十一岁。

就是这场惨烈的杨家铺突围战，从拂晓一直打到黄昏，英雄们奋勇抵抗，左突右冲，和几千名日本鬼子顽强激战了十几个小时，最后终因寡不敌众，三百多名干部战士壮烈牺牲，他们的鲜血染红了冀东大地，他们的英名将永远铭记在人民心中！几个月后，那支罪恶的日本独八旅的一部几百名日本鬼子被我人民子弟兵包围在离杨家铺不远的一个山沟里，我英雄的八路军战士高喊着为烈士们报仇的口号，把一颗颗复仇的子弹射向鬼子们的脑袋，用一把把愤怒的刺刀插向鬼子们的胸膛，一鼓作气，痛快淋漓地把这股日本侵略者全部歼灭在了这块英雄的土地上，用胜利告慰了杨家铺死难烈士们的英魂。

周文彬是朝鲜人。自从在中国安家后，便在这块光辉的土地上生根发芽，产生了强烈的感情，立志用鲜血来保卫她，把中国人民的解放事业当成自己的事业。他常说："世界上被压迫被剥削的人民，都是血肉相连的一家人，任何帝国主义都是我们的死对头。我到中国来打日本强盗，也是为朝鲜人民的解放。"这充分表现了周文彬的伟大国际主义精神。

周文彬烈士牺牲后，悲痛的冀东人民含着热泪将他的遗体安葬在他最后战斗的马头山下一棵挺拔的劲松旁，解放后移葬在石家庄市华北军区烈士陵园中，一方镌刻着他一生丰功伟绩的丰碑，为我国人民留下了永远的敬仰和怀念。

云一村，树一村，此日一家作比邻，东风处处春；
山招魂，水招魂，犹教人人长忆君，年深情更深。

这是20世纪40年代流传下来的一首词，是和周文彬烈士有着深厚战斗情谊的战友黎耘（原名于会云）为怀念英雄所写，表达了他和冀东人民对周文彬烈士的深切怀念。

摘自《潞河文史资料》

第二编　缅怀英烈

红楼前那一尊雕像

黄耀新

潞河中学红楼与人民楼之间，绿草如茵，黄杨常青，雪松不凋，玉兰挺拔，古槐苍劲。东边的绿地上，矗立着一尊面向红楼背倚人民楼的半身铜像。

铜像的主人叫周文彬。

周文彬是谁?

潞河中学校友。1916 年入潞河小学，1922 年入潞河中学，1928 年潞河中学高中毕业。

通州第一个党支部的创建者。原名金成镐，因做党的秘密工作，化名“周文彬”。他是朝鲜人，1914 年（六岁）流亡中国，入中国国籍。在父兄影响下，向往革命。1926 年入党。1927 年成立中共潞河中学支部，这是通州第一个中国共产党支部。

工人运动领导者。1936 年，他在唐山开滦各煤矿开展工人运动。1938 年 3 月，组织开滦五矿三万五千名矿工总同盟罢工，揭开了十万冀东工农大暴动的序幕。7 月，组织发动矿区二千多工人暴动，动员和影响七千多起义工人参加了八路军四纵。

抗日英雄。抗战时期，他一直转战于冀东抗日战场。1941 年，组织了打击伪治安军行动，全歼伪治安军八个团，粉碎了敌人的“第三次强化治安运动”。1943 年，主持建立军工厂，制造武器弹药，为冀东抗日部队提供装备。1944 年 10 月 17 日，冀热边区特委在丰润杨家铺召开会议，突遭日军包围，他为掩护群众和战友突围，壮烈牺牲。

周文彬，潞河中学的骄傲！

驻足于人民楼我的工作室门口，望着那尊雕像，不禁浮想联翩。

一百多年前，中华民族灾难深重，劳苦大众处于水深火热之中。

鸦片战争以来，中国被瓜分豆剖、蚕食鲸吞。“东亚病夫”“支那猪”“华人与狗不得入内”……清末至北洋军阀时期，外则丧权辱国，内则混战不休。上层蝇营狗苟，下层民不聊生。正如鲁迅所说，“风雨如磐暗故园。”

有人会说，你这都是历史课本上的套话，看过很多人的回忆文章，觉得当年挺好的。近些年确实有些人对那段历史津津乐道，把那段历史描述得“挺好的”。是说谎吗？也不能说是。那是历史课本骗人？当然不是。那是因为乐道和被乐道的大多是上层人。就拿那时北京的文化人来说吧，他们每月工资几百大洋，收入是底层人的三四十倍。北京一般文化人的嗜好是：下饭馆，看戏（京戏、文明戏和话剧），看电影，泡茶座，逛琉璃厂买书籍、碑帖、文物。文化人的日子如此，手握大权的显贵、腰缠万贯的富豪、舞弄枪棒的匪霸，还能差？

那时北京底层人的生活是什么样子的？看看《骆驼祥子》就知道了。老舍先生出身于社会底层，但他不是左翼作家，他的创作不是为了宣传革命，他笔下的种种，正是他小时候身边真实生活的艺术再现。官老爷作威作福，兵匪流氓恶霸横行不法，黄赌毒肆虐，是那个时代的真实写照；祥子和小福子等人的生活和命运是那个时代底层人生活的真实写照。

那时的通州，哪一系军阀来控制北京，都来派捐派款，抓丁拉夫，烧杀抢掠，无恶不作。周文彬家就遭抢过两次。1920 年夏，钱粮被散兵游勇强抢一空，三十多只鸡，飞跑不及时的一大半被抓走。1922 年 5 月，三只奶羊都被奉军败兵抢走。

“中华民族到了最危险的时候”，老百姓生活在水深火热之中，不是危言耸听，是铁的事实。救亡图存，拯民水火，必须有人挺身而出，横刀立马，不惜热血头颅。

十几岁的潞河学子周文彬，就挺身而出。

周文彬没有个人生存危机。金家虽不富裕，但勤劳节俭，养鸡养羊种植葡萄等，日子也还过得去，哥仨都能读书。他和四弟金祥镐就读于潞河，二哥金永镐就读于燕京大学。

周文彬没有个人发展危机。他是潞河中学的高才生。潞河中学1928年刊上记录着同学们对周文彬的评价：“成镐君来也，孔丘……斯宾塞，基塞司诸先生退位，其思想贯彻古今，力评诸家，‘打狗吹音’，真有出人头地处。”这显然是一个“风华正茂，书生意气，挥斥方遒，指点江山，激扬文字”的“少年同学”。在同学们眼里，他有与古今中外思想家相媲美的卓越才华，其行动力、影响力和号召力也非同寻常。

周文彬不仅才华横溢，而且性格好，为人好，长得也好——用今天的话说，从形到神，都是大帅哥。李运昌回忆说：“周文彬高大的个子，深邃的眼睛，刚毅稳健。”张珍（即张学渊）回忆说：“他高高的个子，长得很英俊，说话办事沉静稳重，爱帮助同学，同学们都很尊敬他。”

这样的周文彬，如果只为身谋，个人前程还能不好？

如果周文彬像当时和现在的很多同学一样，两耳少闻窗外事，一心只读升学书，考一个好大学轻而易举（潞河支部的张学渊和金祥镐考入燕京大学，宏庆隆和张树棣考入辅仁大学）。读大学，做个上层人，过着上等的生活，顺理成章。

但是，周文彬却去读马克思的书，以李大钊为偶像，“铁肩担道义”。他加入中国共产党，建立党支部，进行革命活动。他选择的是一条为劳苦大众谋福利的布满荆棘、随时可能坐牢乃至流血牺牲的异常凶险的前路。

1928年暑假，上级党组织决定从潞河支部抽调一人专做党的地下工作。这就意味着这个人必须放弃高考，立即隐姓埋名，转入地下。支部会上，宏庆隆、康景新、张学渊等纷纷要求承担这个艰巨的任务，但最终支部书记金成镐以权谋“私”，把继续深造让给他人；把抛家舍业充满危险的地下工作留给了自己。

想想，为了考大学，为了自己的美好前程，多少人不惜一切代价，甚至不择手段。而周文彬，以优异成绩高中毕业，却主动放弃考大学，接受党组织派遣，从事危险的秘密工作。他为了谁？为了什么？

想想，1927年“四一二”反革命政变，国民党疯狂屠杀。据中共六大时的不完全统计：从1927年3月到1928年上半年，被杀害的共产党员和革命群众三十一万多人，其中共产党员二万六千多人。三十一万啊！革命者血流成河。面对淋漓的鲜血，年仅十九岁的周文彬，不仅没被吓倒，革命意志更加坚定。他积极发展党员，创建潞河中学党支部。组织“科学社会主义学习小组”“春草读书会”，带领革命师生学习、宣传马列主义。他开办工人夜校，揭露国民党反动派叛变革命罪行，宣传共产党革命主张，打击校内暗藏的国民党右派分子，联合通县男女师范学校学生共同开展革命斗争。

这不是“顶风上”吗？这不是“找死”吗？他这样是为了谁？为了什么？

想想，1934年到1936年初，王明的“左”倾路线指导北方党的工作。河北省委领导李铁夫被打成“右倾机会主义反党分子”，周文彬作为“铁夫的信徒”被开除党籍。直到1936年4月刘少奇同志来主持北方党的工作，才纠正了华北党的错误。

来自于内部的委屈，尤其是开除党籍这样巨大的委屈会让一个革命者更加难以承受。但周文彬经受住了考验，毫不动摇，始终默默地为党工作。他为什么能这样？

想想，成立学生党支部，从事秘密工作，领导大罢工，组织大暴动，坚持敌后抗战……将近二十年血与火的淬炼，周文彬已成长为我党我军的一员大将。1944 年 10 月，边区特委在丰润杨家铺召开会议，突遭三千多日军包围，身为特委组织部部长的周文彬，是应该被掩护撤离的大首长，可他却为了掩护干部和群众突围，浴血奋战，子弹打光，头部中弹，壮烈牺牲，年仅三十六岁。

铁血战士，传奇英雄，冲锋率先，牺牲在前，生如夏花，死似彗星，一腔热血，千秋忠魂。刘少奇同志惋惜地说："文彬是中朝两国人民的好儿子，他是我党我军一位猛将！可惜他牺牲得太早了，是我党的一大损失啊！"

扪心自问，我能够这样敢于担当、勇于斗争、不惧委屈、不怕牺牲吗？如果我是周文彬，设身处地，我会这样吗？想想都不寒而栗，何况去做？朋友，你能做到吗？

凝望周文彬的雕像，我不能不充满敬意。

"靡不有初，鲜克有终"，何况年轻人容易冲动。革命高潮来时，群情激奋；高潮退去，很多人不革命甚至反革命了。他们或看不到希望，或意志薄弱，或惧怕牺牲，甚或本来就是投机。低潮时仍能坚守信念，不忘初心，坚持斗争，不怕牺牲，才是真正的革命者。1927 年秋，周文彬建立潞河中学党支部，正值革命最低潮。对于一个不及弱冠的中学生来说，这是何等的胆气！何等的见识！何等的坚定！周文彬从十八岁入党直到壮烈牺牲，无论形势如何起伏，生活如何艰苦，斗争如何险恶，他从未有过丝毫动摇。对于他，革命绝不是随波逐流，也不是心血来潮，更不是投机；而是崇高的理想，是坚定的信仰，是终身奋斗的目标。

和所有的父母一样，周文彬的母亲也非常关心儿子的婚事。她安排儿子去相亲，儿子却去与地下党员接头。母亲怎能不知道儿子的心思，只好作罢。周文彬一直没有结婚，没有自己的家庭（金家其他人于 1935 年回朝鲜）。他把所有的爱都献给了中国革命事业，都献给了中国人民。让我们看看三个小故事来体会体会吧。

枣红马的故事。抗日战争时期，冀东根据地仍属于游击区，斗争环境十分残酷。周文彬牵着一匹枣红马率领身边的同志们到各地游击办公，被称作“马背上的政府”，他对这匹枣红马十分喜爱，精心喂养，但骑马的时候却很少。行军的时候，这匹马主要用于为女同志、小同志和体弱同志驮背包、米袋、行李等物，成了“杂货驮子”。一次春节前夕，突然发现敌情，机关需要马上转移，他沉着地对大家说：“这里道路、地形我都熟悉，大家行动要听我号令。”他命令一个女同志骑在马上，自己提着顶上子弹的盒子枪走在最前面，既当向导，又当尖兵。同志们见此情形十分感动，几个同志在行军路上为他编了一首诗：

岁余寒未尽，除夕又行军；
烽火连天夜，枪声作炮声；
老周身先卒，河马殿后兵。

“周花子”的故事。周文彬转战冀东抗日根据地时，一次他们住在一个老乡家，穿戴比较整齐的警卫员在打扫房间，他坐在院子里批阅文件，房东老大爷不认识周文彬，指着他向一个邻居说：“你瞧！这个警卫员怎么这么邋遢！”恰好这个邻居认识周文彬，笑着说：“大哥你老眼睛不灵，正好看拧了，他才是大首长呢！”

周文彬以革命为职业，没有任何收入，靠同志们和朋友们的帮助维持生活，他的同学张珍曾给他很大帮助。他每次来北京，总是买一两个窝窝头，充作一日三餐。

抗日战争时，斗争环境极其恶劣，根据地部队和干部的给养十分困难。周文彬总是带头省吃俭用，带头做最艰苦的工作。他经常把发给他的衣服送给别人，自己的衣服却补丁摞补丁。春夏秋三季，他穿的是很短的衣服，冬季仅穿一身粗布黑棉衣，经常头上戴着一顶破旧的黑礼帽，脚上穿着补了又补的黑色圆口布鞋，袜子破得不成样子。一条毛巾总是截成两半，节省着使用。周文彬看上去像个“叫花子”，同志们亲切地称他“周花子”。

一盘炒鸡蛋的故事。在根据地的斗争中，周文彬经常处于极端紧张的状态中，夜以继日地行军和工作，生活条件极为艰苦，但他从来不接受任何生活照顾。一次在行军途中，两个警卫员看他天天行军，晚上还要工作到深夜，瘦得颧骨都突出来了，感到十分心疼。他们设法搞来了几个鸡蛋，炒了一盘给他补补身子。他看了后严肃地对警卫员说：“要说困难大家都困难，为什么单要照顾我?”硬是不吃。最后在他的命令下，还是由两个警卫员和房东小孩子分吃了。他还特别嘱咐警卫员从自己的津贴中，给老乡送去了鸡蛋钱。

三则故事清楚地告诉我们：周文彬的爱，博大，深沉。

平时，周文彬是领导，骑着那匹枣红马行军本是他应有的待遇，可那匹马却成了“杂货驮子”。敌情突发，作为领导的周文彬，是该被保护的，他却命令一个女同志骑马，自己提枪走在最前面，既当向导，又当尖兵。这就是周文彬的爱!

在百姓眼里，官历来都是衣冠楚楚的。共产党讲究官兵一致，可周文彬这个官，相对于“穿戴比较整齐”的兵，“怎么这么邋遢!”官比兵“邋遢”，恐怕只会出现在特殊场合，可在周文彬，却是常态。周文彬是这样跟警卫员说的：“不是我们愿意当‘叫花子’，这是敌人逼的。等推翻了三座大山，人民当了主人，建设一个美好富有的国家，那时，我们就再也不用当‘叫花子’了。现在，根据地还很穷，穿破点，光荣，不寒碜！今天当‘叫花子’，是为了明天不当‘叫花子’。”“周花子”分明是周文彬爱的勋章!

在极端紧张极为艰苦的战争年代，“脑袋别在裤腰上”，朝不保夕，吃一盘炒鸡蛋有什么大不了的？只要那鸡蛋不是偷或抢来的。可周文彬“硬是不吃”，他掏了鸡蛋钱，命令警卫员和房东小孩子分吃了。吃，他也比兵“邋遢”。这盘炒鸡蛋，承载了周文彬多少爱!

那个在突然转移的途中被命令骑马的女同志，那个“穿戴比较整齐”给“邋遢”大首长当警卫员的同志，那吃炒鸡蛋的两个警卫员和房东小孩子，我似乎看到了他们眼里含着的泪水。

正是因为有爱，有大爱，周文彬才会有如此的奉献，如此的牺牲。像周文彬这样胸有大爱的共产党人领导革命，革命队伍怎么会没有强大的凝聚力、战斗力？老百姓怎么会不相信、不爱戴、不追随共产党？革命怎么会不成功？

久久凝望周文彬雕像，我思绪万千。

曾经有人质疑“大公无私”，质疑“崇高”。周文彬可以读大学，可以作为社会精英而混迹于上流社会，可以锦衣玉食，可以宝马香车，可以红袖添香，可以儿孙绕膝，可以鲜花掌声……他放弃多少人求之不得的这一切。他为了中华民族，为了劳苦大众，为了心中的信仰，宁可“一两个窝窝头，充作一日三餐”；宁可“看上去像个‘叫花子’”；宁可“自己提枪走在最前面”；宁可受委屈，宁可不要妻儿，不要家庭；宁可不要性命……请问，周文彬的“私利”何在？何在？我曾努力寻找他“有私”的依据，然而徒劳。无可质疑，周文彬除了无私，还是无私！除了崇高，还是崇高！

周文彬是“无我”的。从20世纪80年代起，开始了“一代人的觉醒与叛逆”，讲求“我”，甚至做“精致的利己主义者”。我当然不反对“我”，但我深知，如果没有周文彬们的“无我”，“我”可能还被称为“东亚病夫”“支那猪”……绝大多数人是“我”不起来的。

两千五百多年前的仲尼先生，曾经“累累若丧家之狗”，那也不是为“我”，是为天下。如果缺了这份担当，老先生怎么可能成为千古圣人？怎么可能作为万世师表？

“我”是可以的，不崇高也无可厚非；但是，绝不能不对崇高充满敬意。毕竟我们都在崇高的大树下乘凉。

望着周文彬的雕像，在2021这个特殊的年份里，不能不让我感悟共产党人的“初心”；不能不让我思考潞河中学的校训为什么是

“一切为了祖国”；不能不思考我该怎么做。

雕像对面的红楼202室，悬挂着1927年中共潞河中学支部书记周文彬及其他成员的照片和简介。那里是潞河中学召开重要会议的地方，那里点燃了潞河中学的激情岁月。

雕像与红楼之间是潞河中学的主路——文彬路。那是一届届穿着红色、蓝色、绿色校服的学生每天来来往往的路。

雕像后的人民楼，像半个方括号围护过来。墙上满是爬山虎，百年老楼绿意盎然。那里是潞河中学日常管理和教研的地方。

面向红楼，背倚人民楼，雕像静静地矗立着。小鸟时而飞上枝头鸣叫，时而落到草坪上啄食。艳阳透过古槐的浓荫，洒在这美丽的园地上。

2021年3月于潞河中学

红色潞园

王永娟

岁月峥嵘一百年
倾听过一个民族　最深重的苦难
承受过一群强盗　铁蹄下的摧残
红色的潞园
没有屈服　没有震颤
她有热血沸腾的学子挺起胸膛
她有英勇无畏的青年挡住子弹

德辰山上的霜叶
红过二月春花的鲜妍
那是十九岁青春的英烈
辛亥英雄——蔡德辰的鲜血晕染
文彬路上　古槐沧桑撑起巨伞
文彬路旁　钟楼威严直插云天
百年风雨抹不去永恒的记忆
古城通州　亮起第一党支部的红旗
同样青春的脸庞　同样青春的热血
点亮了　风雨如磐的岁月
映红了　激情澎湃的潞园

嘉兴南湖上的红船
把红色革命的火种
播撒在　赤县神州的万里莽原
正是暗夜中的一点星火
将潞园学子的青春　点燃
沸腾的热血　凝成戟　铸成剑
汇入锤头与镰刀的海洋
穿云破雾　披荆斩棘
迎来日出东方　红旗招展

峥嵘岁月一百年
唱响一曲曲民族复兴的壮歌
绘出一幅幅国家强盛的画卷
红色的潞园
激情满怀，豪气冲天
她有德才兼备的学子为国奉献
她有奋发有为的青年为民争先

绍棠路上的银杏比黄金璀璨
那是运河之子用汗水浇灌
黄昆楼、仁之楼桃李不言
培育了玉树芝兰千千万万
犹如一粒粒科学的种子
绽放在祖国的山河蓝天

百年陶铸的红船精神啊
早已扎根在潞园的土壤
长成理想　化成信念

融入新时代少年的血液
实现民族复兴的伟大梦想
再造新的百年——辉煌灿烂

四幕话剧

妈妈教我一支歌

张丽君

谨以此剧献给中国共产党成立一百周年暨中共通州第一党支部——潞河中学党支部的英烈们。

第一幕：心有一支歌

第一场：想唱这支歌

时间：2021 年 5 月中旬某天下午　大课间

地点：潞河中学文彬路周文彬雕像草坪前

人物：团委书记：徐老师

高一学生：李增华　韩凝芳

（韩凝芳身着夏季校服上，边走边哼着歌，后边传来喊声叫她的名字，她一回头，同学李增华赶上来，韩凝芳停下脚步等她。人民楼前草坪上，周文彬雕像默默矗立。）

李增华：（快步走上）凝芳，你要去哪儿?

韩凝芳：我想趁大课间去解放楼礼堂练会儿琴，“潞河好声音”决赛好几首歌需要我伴奏呢。

李增华：我找你也是想劳你大驾，要你给我伴奏。我们班齐飞手腕受伤了，我也得给其他同学伴奏。

韩凝芳：好啊，非常乐意效劳！预赛下半场我被甘霖拖走去帮她选决赛歌曲，没能一睹你的风采，也没能聆听百灵鸟鸣唱——再说，什么时候我们女学霸舍得花时间不务正业了？我怎么都没想到你参加好声音比赛，不然我绝不会提前离场的。

李增华：看你说的，我什么时候说唱歌不务正业了？只是平时不太喜欢热闹罢了。

韩凝芳：对对对，不是你说的，你老爸说的还不行吗？从小到大，我每次去找你玩儿，他都要嘱咐——你俩先写作业，务了正业再玩儿别的啊——

李增华：你真是的，我爸说得不对吗？是我自己不喜欢热闹。这次参赛也是临时决定的，都没机会跟你说，练两次就上场了。

韩凝芳：对对对，不然我怎么成不了学霸呢？（看一眼李增华表情不大对劲儿，赶紧吐了一下舌头，改口道）哎哎，我是说从幼儿园开始，老师就叫你百灵鸟，你应该发展一下天赋啊，非要去学什么钢琴，弹得还比我好——哎？你边弹边唱自己给自己伴奏得了，声如百灵琴若山泉，一定震撼得全场惊掉下巴！

李增华：你真是的，让你帮点小忙就这么一通挖苦。

韩凝芳：我哪儿敢挖苦你啊？是说你妥妥的才女无所不能，我羡慕嫉妒恨呢！老是让你给我补课，终于让你用上我一回，我兴奋激动不能自已啊！

李增华：你少耍贫嘴，多用功在学习上，肯定比现在好十倍！

韩凝芳：好好好，我不贫了。咱俩言归正传，你要唱什么歌啊？

李增华：《妈妈教我一支歌》。

韩凝芳：还有这么一首歌？我都没听说过。妈妈教的歌，什么歌？

李增华：走吧，边走边说，我给你唱两句——妈妈教我一支歌，没有共产党就没有新中国……

韩凝芳：停停停停停——我说怎么没听过呢，就凭这词儿，也够古典的了，掘地三尺刨出来的吧？

李增华：你越说越没谱儿了，真是我妈教的，怎么就成古董了？妈妈很喜欢这首歌，自己哼曲儿的时候总是这个，我原来也不太在意，直到——

韩凝芳：哎呀我说学霸才女，这种歌你唱着不累呀，得规规矩矩地站着，脸上做出一本正经，发音还得故作深沉……

李增华：怎么叫故作深沉？我刚才唱歌是故作深沉了吗？

韩凝芳：哎哎哎你别急啊，我，我是说那么多适合你嗓音的甜歌好歌你为什么不选，偏偏选这么个没人爱听的老古董，你不是参赛吗，大家爱听才给你投票啊！（突然发现李增华已经转身走了）哎——我是为你着想的你不知道啊？你上哪儿去，等等我！

徐老师：（从路上经过，见李增华怒冲冲地疾走，韩凝芳后边追着喊）哎哟，小脸儿红扑扑的赛过湖边芍药花儿了，这么急干什么，凝芳后边追你呢！

李增华：（蓦地站住）徐老师，您会唱《妈妈教我一支歌》吗？

徐老师：（有些吃惊）嗯？会唱啊，一首好歌。怎么了？

李增华：您说这支歌是老古董，过时了吗？

韩凝芳：（已经赶到二人面前，抢着说道）老师，我没说这首歌不好，只是觉得歌词简单，旋律单调……干脆说吧，简直就是《没有共产党就没有新中国》的翻版，词曲都没有新意，怎么吸引人？这适合参加比赛唱吗？

李增华：我就是想唱这首歌！你刚听两句就大发议论，不觉得太武断吗？简直无法理喻！不敢再劳你大驾，不用你伴奏了，我找别人去！（说罢要走，徐老师拉住）

韩凝芳：（委屈地嗫嚅）为你好才提建议的嘛，这么好歹不知。

徐老师：（拉住二人并肩站立，眼光扫过她们的脸）两个好同学，一对好朋友，十年友谊互为知己，一言不合就各奔东西？高中入学两个月，你们虽然不在一个班级，却都上了班主任推荐的优秀学生名单——李增华，学业优秀志向远大；韩凝芳，多才多艺助人为乐——这么优秀的学生，原来是两个幼儿园小朋友？

华、芳：（同时瞪大眼睛）老师，您怎么知道我们从小就是好朋友？

徐老师：（故作神秘地）独家秘密概不外传。先说说，今天的事情就这么结束了吗？

李增华：（看了韩凝芳一眼）对不起，是我刚才有点急，没有多跟你解释，一听你说选的歌不好就生了气，我向你道歉。（面向老师）其实，我也是觉得，我们那么好的朋友，她应该理解我的选择，因为……我，本来真的不爱参加娱乐性的活动，如果参加了，一定是有特别的理由。

韩凝芳：（恍然，高兴地搂住李增华的肩膀，面向老师）哦——是啊，我也是昏了头，凭本能就觉得这首歌不适合参赛，尤其不适合她的声音，别的根本就没有想。（转而面向李增华）我不也是因为觉得互为知己，我的所想就是为了你好，你也该懂得嘛，所以就口无遮拦地说了那么多，对不起啦！（笑着鞠了一躬，李增华还礼，二人笑起来）

徐老师：（看着二人很欣慰地笑）这样多好！益者三友——友直友谅友多闻，你们两个已占其二，好好学习，博文广识，互为三益之友，一生都会受益无穷。

芳、华：（二人望着徐老师含笑点头）老师，我们一定努力！

徐老师：增华同学，参赛歌曲的选择是很重要。可以说说你有什么特殊理由选了《妈妈教我一支歌》吗？

李增华：（转身望向周文彬雕像，回过身来向徐老师点点头）好，老师，我真想说一说……（突然顿了顿，神情激动地）老师，我本想在决赛现场，唱歌之前说一说我为什么要选这首歌的……

韩凝芳：（好奇地）真有不一般的理由哦——

徐老师：（轻声、理解地）如果不想现在说，就先不要说。

韩凝芳：（急切地）是啊是啊，留着做个包袱吧，比赛现场抛出来更有震撼效果。

李增华：（缓慢而坚定地）不，我不想把它做什么包袱博得喝彩或者选票，我是想让所有人领悟这首歌的意义，真心喜欢这首歌，而不是想博得选票……

韩凝芳：（频频点头）好好好，我一定弹琴为你伴奏！

徐老师：（惊喜而感动，拍着李增华肩膀）好孩子，好孩子……来老师办公室坐着说吧。

李增华：（略为迟疑）老师，去湖边好吗？我想面对潞园的山水草木来说我选择这首歌的理由。

徐老师：（点头，坚定地）好，你俩先往湖边走，在湖心岛上等我。我回一趟办公室，给高二 1 班团支书张超越同学留个纸条，让他也到湖边找我。

芳、华：好，我们先走。（二人一起往湖边走去）

徐老师：（看着二人转身走去，点头自语）多好的孩子！（转身向办公室走去）

第二场：何选这首歌

时间：第一场稍后

地点：湖心岛上（大屏幕打出湖心岛背景，湖光粼粼，山影依依）

人物：高二学生：李增华、韩凝芳

团委书记：徐老师

高二 1 班团支部书记：张超越

道具：木质长椅

（高二两个女生前后相随上场。）

韩凝芳：（快走几步张开双臂做拥抱状）啊，太美了！

李增华：是啊！山屏水镜天光聚，秀毓灵钟人杰出。

韩凝芳：哎呀真是开不得口了，张嘴就被落出十万八千里！

李增华：你又来了，我不是沉浸其中吗，这几天一直在想一件事！

韩凝芳：好好好，我说错了。你一直在想这首歌的事吗？那与我们潞园有什么关系？

徐老师：（上来听见二人像在争吵，打趣道）你们两个又吵什么呢，不会是想跟大鹅比谁嗓门儿高吧？

李增华：（笑道）老师，我们没吵。是凝芳到哪儿都要宣告她的存在！

韩凝芳：（拍了李增华一下）胡说什么？（转向徐老师）徐老师，您这么快就过来了？

徐老师：我在门口留张条儿就赶过来了，特别想和潞园的山水草木一起聆听增华选择这首歌的理由。

李增华：谢谢老师。您坐下听我说。

徐老师：（坐在长椅一端）你们两个一起坐下吧。

韩凝芳：我不喜欢坐，周围看看，耳朵向着你们，准确接收重要信息。（走到一旁左顾右看）

李增华：（坐在徐老师身旁）老师，我选这支歌就是和潞园有关。

韩凝芳：（转过头对着她们）啊？（走到长椅坐下，开始专注地听）

徐老师：孩子，你慢慢说。

李增华：老师，我妈妈的爷爷，我的外曾祖父，认识周文彬……

韩凝芳：（从椅子上跳起来）真的吗？怎么从来没听你说过？

徐老师：（吃惊地站起来）真——的——？

李增华：（站起来）老师，您不相信吗？确确实实是真的。

徐老师：（拉她坐下，自己也坐下）不是不相信，只是太意外了。老人今年高寿啊？没想到还有认识周文彬烈士的前辈健在。

李增华：老师，我也是一个多月前，清明节回老家扫墓才知道的。我的曾外祖父去年冬天九十六岁生日的时候……过世了。

徐老师：哦，对不起，孩子，别难过，老人很是高寿……（边说边掏出纸巾递给李增华）

韩凝芳：是啊，增华，外曾祖父认识周文彬前辈，一定也很了不起吧？跟我们说说吧。

李增华：（接过纸巾，轻轻擦了擦眼睛）我妈妈从小跟着她的爷爷奶奶长大，爷爷经常跟她讲他自己年轻时候的事情，总是说你生在好时代，一定要好好学习，多学本领建设国家，所以……

韩凝芳：（有些着急地）亲爱的，言归正传，妈妈的爷爷……就是太姥爷，怎么认识周文彬烈士的？

徐老师：（拍了韩凝芳一下，转头对李增华）别着急，慢慢说。

李增华：好，我先说正题。我的外曾祖父是个孤儿，从小乞讨流浪。十三岁那年，就是 1937 年的夏天，他流浪到唐山。有一天，下着大雨，到了晚上，外曾祖父没有找到零工也没找到食物，饿昏在临街的一家店铺门外。不知过了多久，外出回来的主人把他抱进店里，给他吃的，换上干衣服，留他住到天亮。

韩凝芳：这个店铺主人就是周文彬吗？

徐老师：（看了韩凝芳一眼）别着急，听增华慢慢说。

李增华：第二天早上，我外曾祖父醒来的时候，发现桌上已经摆好了早饭，一个年轻英俊的大哥哥正在桌边看着一本书。看见他醒来，大哥哥笑着说："小弟弟，快来吃饭吧。"外曾祖父感觉自己的肚子就是无底洞，急需食物填进去，就顾不得害羞狼吞虎咽起来。大哥哥笑着说："别着急，慢慢吃，都是你的。”正说着，外间有人叫：“小周师傅，我的戏匣子修好了吗？”大哥哥连忙应声出去，说：“老杨大哥，修好了，我正要给您送过去呢。您看，拧开开关儿试试。”就听见收音机调试的声音，忽高忽低地传进来。大哥哥和那位老杨大哥小声说着话。外曾祖父只听见自己嚼馒头咬咸菜的声音，也听不见他们说些什么。

韩凝芳：哎呀，我还是着急。求求你了增华，周文彬前辈都成了大哥哥，你别再外曾祖父、外曾祖父地叫着了好吗？为了说着方便，直接说太姥爷名讳好不好？（一边说着面向北方鞠躬作揖）增华太姥爷就是我的太姥爷，外曾祖父在上，小的们没有对您不敬的意思，只是为了讲述的方便直称您的名讳，您多多原谅啊！您老人家明白，增华在这里讲您和周文彬前辈的故事，正是让我们都了解您和无数前辈的英雄业绩，也是为了更好地继承前辈的革命事业啊！

（徐老师和李增华都忍不住笑起来）

李增华：好好好，后边我就说外曾祖父的名字，可是还没说到他的名字呢嘛！

韩凝芳：那你快点说嘛，急死我了！

徐老师：（拉着韩凝芳让她坐下，示意李增华）接着说吧。

李增华：外曾祖父刚吃完饭站起来，大哥哥就领着一个穿着干净的短衣短裤的大叔走了进来。大哥哥对我的外曾祖父说：“小弟弟，我看你腿上脚上都好像受过不少伤，吃了不少苦吧？你家在哪里，还有别人吗？”外曾祖父忽然觉得特别伤心，也特别委屈，他不知道自己是哪里人，只记得很小的时候和娘一起要饭，后来娘生病死了，他就自己到处流浪。老杨大叔说：“你叫什么名字？”“娘就叫我‘小儿’。”老杨大叔又问：“知道你姓什么吗？”“记得我娘说过我们家姓林。”大哥哥说：“那你就先叫小林吧。”

韩凝芳：（长舒一口气）哇塞，总算有名字了！后边的叙述就叫“小林”吧。

李增华：后来，小林跟着老杨大叔到他的杂货店当了学徒。再后来小林知道修收音机的大哥哥是中共唐山工委书记周文彬，老杨大叔是中共唐山市委工人运动领导人，小林成了他们最信任也最密切的联络员。

徐、芳：再后来呢？

李增华：再后来，小林参加了周文彬领导的冀东人民抗日大暴动，成为抗日游击队的主力队员。周文彬给他取了个正式的名字叫“林同泽”。

韩凝芳：林同泽？同泽——哦，《诗经·无衣》里“岂曰无衣，与子同泽”的“同泽”吗？

张超越：（走过来听到李增华的话，接下去说道）是的，就是“岂曰无衣，与子同泽”的“同泽”，“同泽”就是战友。那是周文彬前辈把小林同志当成了自己的战友。

李增华：学长说得对！后来，林同泽在游击队学了文化，长了见识，也得知周文彬前辈是一个朝鲜人，深深地敬仰他的优秀品质和革命精神，立志要终生以他为榜样，为赶走侵略者建立新中国贡献自己的一切！

徐老师：（站起来，拉住李增华的手）孩子，说得太好了！林同泽前辈也是我们学习的好榜样！（对张超越）超越，你先一起听听前辈的故事。

张超越：好。我看到您留的纸条就到这儿来找您，正听见学妹说的话。能成为和周文彬前辈一起战斗的战友，真的很了不起！

韩凝芳：是啊，太姥爷就是了不起！那这支歌呢？为什么只唱这支歌？

李增华：你老是着急！凡事都得有来龙去脉吧？几十年的事情怎么能不说来话长呢？

徐老师：（看着孩子们）都别着急，增华慢慢说。

张超越：是啊，说得仔细一点，对我这个“第一党支部”讲解员还会有启发呢。

李增华：好，我接着说。1942 年以后，周文彬已经是中共冀东地委书记、冀热边区组织部长，还兼任军区政委，但他一直在地方做抗日根据地的建设和巩固工作。深入敌人的后方，团结一切可以团结的力量，开展锄奸反特和减租减息运动，极大地赢得人民群众的支持，稳定抗日秩序。为了解决冀东地区抗日队伍武器弹药装备不足的问题，他还建立兵工厂……

韩凝芳：（轻呼一句）这么厉害啊！建兵工厂——

张超越：是的。为了筹建兵工厂，周文彬到晋察冀军区工业部找到同学张珍……

韩凝芳：张珍是谁啊？哪儿的同学？

张超越：张珍就是张学渊，是周文彬在潞河中学读书时的同学，通州第一党支部的五位成员之一。1928 年，张学渊考上燕京大学理学院，后来因为家境不好差点儿退学。一直在北平从事地下工作的周文彬帮助他转到辅仁大学做“工读生”完成学业。后来他留校做助教，监管化学系图书馆和两个实验室。那时候，周文彬就预见到革命斗争中武器装备的重要性，引导张珍利用实验室工作的便利，试制炸药、干电池和军用收发报机。张珍以成立“科学社”为名，成功试制了炸药、防毒面具、无线电收发报机等军用装备，为以后的革命斗争积累了工作经验，也培养了一批军工人才。所以，在晋察冀军区二人见面，既是同学重逢，又是战友协作。周文彬亲自带领一批技术人员到兵工厂学习、实践。后来，在军区工业部帮助下，他们真的建起军工厂。从此，冀东的武器弹药有了重要来源，抗日力量也极大增强了。——哦，我是不是扯得远了？抢了学妹的话头儿。

李增华：没有没有，学长说的正是我不知道的，正好作为补充呢。

韩凝芳：我什么都不知道，你们说什么我都觉得新鲜。

徐老师：好，我给你们介绍一下。（向二位女生）这是高二1班团支部书记张超越同学，是学校团课志愿者，“通州第一党支部”优秀讲解员。（向张超越一一介绍两位女生）这位同学是高一4班李增华，学霸一枚；这位是高一7班韩凝芳，多才多艺。

韩凝芳：学长好，怪不得你对周文彬前辈那么熟悉呢！

张超越：我对周文彬前辈的熟悉也有一个过程。徐老师给我讲过第一党支部的故事，又给我很多关于党支部成员的事迹材料，我一边看一边丰富我的解说词。前些天，看了电视剧《觉醒年代》，突然想到一个宣传第一党支部的新方式，今天想找徐老师汇报一下是否可行。

李增华：那……我们可以听听吗？正好给我这首歌的选择增加定力！

张超越：什么歌？怎么选择？

韩凝芳：对呀，跑题啦！增华，把你的理由说完，学长讲的做补充！

张超越：哦，抱歉，打断了你的话题。我只是听你们在讲周文彬，就忍不住插了进来。

李增华：（笑笑）好，我也是说得太长了。说到激动处，有些情不自禁。（转向徐老师）老师，还是先请学长向您汇报工作吧，我也真想多了解一些周文彬前辈的事迹呢。学长说的和我在家里听说的互为印证，我的底气就更足了！

徐老师：也好。超越，快说说你有什么新想法。

张超越：老师，您说过，通州第一党支部是在潞园点燃的第一点社会主义革命的星火，是通州乃至京东大地上非常重要的红色资源，我们一定要用最形象、最动人的方式宣传它，才会有最佳传播效果，让更多的人了解它、记住它。

徐老师：难道……你也拍电视剧？

芳、华：（感兴趣地）拍电视剧？《通州第一党支部》，你写的剧本吗？

张超越：倒不一定拍电视剧，按我们的条件，也可以演话剧。我的想法很不成熟，但是，我们的剧本可以在演出过程中不断修改、完善，直至打造成一部可以永远流传的话剧精品，让它成为学校宣传“通州第一党支部”的传统形式，通过一代代潞园学子的表演，把革命烈士的精神永远传承下去！

徐老师：（高兴而激动地）真是一个很有创意的好想法！好孩子，你说说看！

张超越：（有点不好意思）老师，我的想法还不太成熟，刚刚想通过几个故事来表现周文彬等几位前辈坚定地走上共产主义道路的决心。

韩凝芳：（急切地）哎呀学长，先不要谦虚了，快说说你的故事吧！

张超越：好。老师，两位学妹，我的故事先从 1926 年夏天，周文彬学长坚决加入中国共产党讲起。

（灯光暗，第一幕第二场结束。）

第二幕　长夜一束光

第一场：黑云压城

时间：1926 年 7 月的一个傍晚，学校刚刚放了暑假

地点：复兴庄金家

人物：金成镐（周文彬，十八岁）、金祥镐（十六岁）

金母（主妇，四十五岁左右）

李婶（主妇，三十五岁左右）

赵兰慧（通县女师学生，十六岁）

幕启——

大屏幕背景：周文彬家屋内一面墙，对称两个带窗格的老式南窗，窗户被木棍支了起来。一抹斜晖照进屋内。

道具：背景两窗之间是一小段墙的截面。墙右侧为里间，一张单人床靠窗而放，窗侧有可以拉开的窗帘。床头一个小柜子放着一盏油灯。

墙的左侧为堂屋，中间放一八仙桌，旁边两把椅子。桌上放一盏茶壶，扣着几个茶碗。一个小针线笸箩，里边放有针线等小物件。

（金成镐坐在小屋床头，靠窗看着一本小书，不时往本子上写着什么。）

金祥镐：（戴着一副黑边圆框眼镜，身穿长衫，急匆匆走进来，边走边喊，通过堂屋，直奔里间）三哥，三哥！我说到处找不到你，原来你躲在这儿看书呢，你真沉得住气！

金成镐：（合上本子站起来）祥镐，干吗这么慌慌张张的？

金祥镐：（非常激动地）三哥，你不知道，今天又有好几个同学退学回老家了，包括宏庆隆！

金成镐：（吃惊地）什么？宏庆隆也走了？确实有点意外，也许就是暑假回家了吧。

金祥镐：（气愤地）不是，听我班同学说他拿着全部行李走的。不是明显不回来了吗？唉，“三一八”惨案之后，爱国进步人士纷纷以“勾结赤俄，宣传赤化”的罪名被直奉军阀抓捕，李大钊先生被通缉，《京报》主笔邵飘萍被杀，到处白色恐怖。连通县也涌进大批兵痞，潞河中学成了老少妇孺的避难所！从那时候开始，就有同学陆续退学回家了，这一放暑假，又走了一大批。只是没想到，宏庆隆那么坚决，又是你的好朋友，竟然也……也坚持不下去了！

金成镐：是够突然的！（沉思地）唉，世道艰难，兵匪横行，怎么能静下心来读书呢？同学们转到别处求学也可以理解。

金祥镐：但是……“三一八”之后，宏庆隆曾经说过，要同一切——（突然顿住，压低声音）反动派斗争到底！可是，还没怎么着他就退了。

金成镐：祥镐，形势这么复杂，环境这么恶劣，谁都不知道以后应该怎么办，找个安静的地方读书，也许是当前一个明智的选择吧。

（外边传来嘈杂声，几个女性压低声音说话，金成镐、金祥镐兄弟俩走到外间）

金　母：（领着两个女性上）李家妹子，你放心吧，让姑娘先在我家躲一躲，没事了再回去。（突然看到两个儿子）哦，你们俩都在屋里呢，快招呼，来客人了，东邻李家婶子跟她外甥女儿来咱家串个门儿。

李　婶：（拉着一个姑娘的手走进来，姑娘低着头）金家嫂子，真是太谢谢您了！（对女孩儿）兰儿，别害怕，金家大娘一家都是知书达理仗义为人的善道人！

成、祥：（礼貌地）李大婶好！

（金成镐悄悄一拉金祥镐衣袖，二人想退出门去）

赵兰慧：（突然抬起头看着金成镐兄弟俩，有些惊喜地）金成镐同学！金祥镐！这是你们的家吗？

成、祥：（吃惊地）赵兰慧同学！是你？

金母、李婶：（对视一眼，转向各自孩子）你们认识？

金成镐：赵兰慧同学是通州女师学生会的干事，前些日子一起商量罢课、游行，见过几次面。

金祥镐：你这是……来李婶家走亲戚？

金　母：李家妹子，来，快坐下说话。姑娘，既然跟成镐他们认识，也别害羞，也过来坐吧。（说着拉李婶坐下，又把另一把椅

子拉过来）

赵兰慧：（急忙地扶住金母胳膊）金家妈妈，本来就给您添麻烦了，您快坐！

李　婶：就是嘛，哪有让长辈站着小人儿坐下的理儿？嫂子，您快坐吧。

金成镐：（扶住妈妈）妈，您坐吧。

（金母坐下，赵兰慧站到李婶身边）

（金祥镐到桌边从茶壶里倒了三杯水，一一递给长辈，另一杯给赵兰慧）

李　婶：（看看金成镐和金祥镐，赞许地）多好的孩子呀！

金　母：（端详端详赵兰慧）这姑娘是你外甥女儿？真是好模样！

李　婶：是我外甥女，我姐姐的闺女，在通县女师念书，家在燕郊，刚才在院子里没跟您细说。这不是孩子前天刚放暑假回家吗，昨天媒婆就上门说，小时候定下的婆家让带个话儿，说姑娘不小了，这书再念下去也没啥用，兵荒马乱的他们家也不放心。再说他们家少爷已经将就着等了两年了，该成家了，想选个日子把他们的婚事办了。

成、祥：从小就定了婚事？

（赵兰慧难为情地点点头）

李　婶：咳！要说这父母之命、媒妁之言真是够害人的，可这是祖上传下来的规矩呀，人人都这么过来的，不都生儿育女一辈子吗？我姐夫家也算世代书香，他老爹，就是我姐姐的公爹，这孩子的爷爷，还是前清的举人呢，更讲究个老理儿！兰儿十岁的时候，就定下了这门娃娃亲，只是两家老爷子一句话啊！

金　母：那男方家怎么样啊？

李　婶：男方家本没几个念书的，家里经商有点基业。后来他们老爷子攀上了什么军中大帅，让他儿子当了带兵的官儿，慢慢地更是家大业大。老爷子想让孙子娶个大户人家的小姐长长门面，可是大户人家谁看得上买官儿的土财主啊？他们就打上了我外甥女的主意。我姐家不富裕也算中等人家，世代书香也算清贵，本来也看不起财大气粗的土财主，媒人一上门儿我姐夫就不同意，可是他老爹沉吟半晌竟答应了人家，还说世道太乱有拿枪的亲戚不会挨欺负！现在，人家提出要办喜事了，闺女大了又读了书，怎么接受得了？一气之下跑我家来了！

金成镐：在您这儿躲几天就成吗？

金祥镐：是啊，那男方那家人肯善罢甘休吗？

李　婶：唉！如果那样就行，就不到你家来了呀！还没想好怎么办，我外甥，就是兰慧的哥哥就追过来了，说男方家听说姑娘跑了，就带人把老爷子抓到他们家去了，让拿姑娘去换呢。唉！本来，兰慧一听就想跟哥哥回去把爷爷换回来，可是她哥哥说，爷爷不让她回去，他这条老命就交给他们了。还说自己老糊涂害了孙女，坏人拿枪只能残害好人，我们怎能指望受他保护呢？

金　母：看来真不是个善道人家！不知定了亲的那个男孩子怎么样，他是不是明白点事理呢？

赵兰慧：我早就听说过那个人是个无赖！不进学校读书也不务正业，平时不是赌博就是抽鸦片！今天上午，就是他带人抓的我爷爷。他说进驻通县的大兵就是他爹从山东开过来的部队。他来通县找他爹，看到了游行的学生，不知道怎么就认识了我，回家就要求他爷爷成亲。听说我跑了，就气急败坏地跑到我家大耍无赖。

李　婶：（站起身来）我那外甥还说，那小子他爹在通县带兵，一定也有耳目，保不准要到我家搜查，所以……金家嫂子，我舍近求远跑到你家，知道你们心善好担当，才冒昧地来麻烦了！我想先把姑娘带到你家避避，我再回去跟家里商量商量怎么办才好。

金　母：（也站起来）李家妹子，你放心。事不宜迟，你先回家商量大事吧，孩子在我家里不会有问题的。

李　婶：谢谢您了嫂子。（转向赵兰慧）兰儿，我先回去看看，你在这儿等等啊。

（赵兰慧点头，李婶急急走了出去）

金　母：妹子，别着急啊！我送送你。（随之下）

成、祥：李婶慢走。

赵兰慧：（捂着脸哭了起来）我能躲到什么时候呢？

金成镐：（劝慰道）兰慧同学，你别担心。李婶儿不回来，你就待在我家。

金祥镐：是啊，不要紧的，天黑了也没关系，你可以和我妹妹在一起。她找小伙伴玩儿去了，一会儿就会回家的。

赵兰慧：（突然停住哭泣，抬头面对兄弟二人，几乎一字一顿地）二位同学，你们能不能肯定地告诉我，我能躲过这场灾难吗？（金成镐、金祥镐对望一眼，都摇摇头又都低下头）我知道，你们没有答案，在这个黑云密布的天底下谁都不会有答案！我跑到这里，他们抓走了我爷爷；他们搜不到我，就会善罢甘休吗？（激动地滔滔不绝道）你们知道从通县到燕郊这么短的路途上，我看到多少难民吗？你们知道有多少人在卖儿卖女吗？你们知道那有钱有势的恶霸多么骄奢淫逸又毒如蛇蝎吗？就在要娶我的这个人家里，他的爷爷、他的爸爸都有买来或干脆抢来的难民家的女孩子，玩儿够了就卖到妓院里去，谁能听到那些女孩子的求救和哀号？又有多少女孩无奈地听从命运的摆布从来不知道需要反抗？（忽然颓然绝望地）当然，我想反抗，我反抗了，甚至我都面对军阀的刀枪棍棒冲上街头去呐喊高呼了，但是，有用

吗，这样救得了谁呢？连我自己都救不了啊——（努力压抑着不哭出来）

金成镐：（极力忍住难过劝慰道）兰慧同学……你别难过，别难过，我们……我们一起想想办法……（忍不住拭泪）

金祥镐：是啊，我们……我们想想办法。（却忍不住也哭了起来）

金　母：（自言自语地上）真是天下乌鸦一般黑啊，哪儿有好人平安过日子的地方呀！（看见三人都在流泪，愣了一下）哎呀，孩子们，车到山前必有路，都别难过，别难过，啊——（走过去拍拍赵兰慧肩背）孩子，别难过……

赵兰慧：金妈妈，我不是难过，我是恨，我是恨啊！从3月到现在，多少好人无路可走甚至没了性命！比我有学问，比我有本领，比我有阅历有经验——爱国的刘和珍、杨德群、魏士毅等五十多位大学生被打死了，李大钊先生等一百五十多人受伤了还在被通缉，坚持正义的办报人邵飘萍也被杀害……（喊出来）我算什么，我算什么？只是一个小姑娘，一颗爱国的心，一个自由的灵魂，一腔沸腾的热血，一条年轻的生命……而已！现实的中国，这是最没有用的——

金成镐：兰慧同学，你别难过！我们想办法，想办法坚持斗争！一定……一定要赢得做人的权利，一定要成为天下的主人！

赵兰慧：权利？主人？（忽然决然地）金成镐、金祥镐同学，我相信你们，你们是赢得权利和主人的希望！坚持下去，无论在世为人，还是往生做鬼，我都会祝福你们，支持你们！现在，有件事情等着我去做，谁也代替不了我。我先走了，你们一定要坚持下去！（往外走去）

金　母：孩子，你要干什么，上哪儿去？

李　婶：（哭喊着上）天哪……天——哪……我可……怎么活呀——

赵兰慧：（站住，扶住李婶）二姨，您……怎么了？

金　母：大妹子，怎么回事？

（金成镐、金祥镐兄弟也围拢过来）

李　婶：那帮无赖强盗啊，真该遭雷劈呀——我刚到家门口，就看见十岁的小儿子坐在门口哭。原来……原来这帮无赖不知怎么找到我家，绑走了我们当家的还有十三岁的大小子……只留下小儿子给我带话儿……真是不让人活了……

赵兰慧：（拉着李婶往外走）二姨，您别哭了，我们这就找他们把我姨父和大表弟换回来，我再跟他们回去把我爷爷救出来。（转身对金家母子三人）金妈妈，二位同学，谢谢你们的收留！我也想开了，不就是出嫁吗？我一个人跑了全家人遭殃我能幸福吗？我回去就换来全家人平安不也是幸福吗？二位同学，坚持到底，赢权利，做主人，我在哪儿都会看着你们！请留步，不要相送。（一拉李婶）二姨，我们走！

（二人下）

金祥镐：兰慧同学——（欲追上去，金成镐拉住。金家母子望着赵兰慧离去的方向，默默无语）

（灯光暗，第一场结束。）

第二场：入党

时间：几天以后的一个上午

地点：金家

人物：金母、小妹（十三岁）、金永镐（二十岁，辅仁大学学生）、金成镐、金祥镐

（金母拿一抹布擦着桌子，金成镐、金祥镐穿着被汗和露水湿透的短衣短裤，边走边用毛巾掸着身上粘的青草叶子上。）

金成镐：妈，我们回来了。已经卸了车，大哥和小妹晒草、喂羊呢。

金　母：哎呀，快去洗洗，换换衣裳，这一身汗，衣服都湿透了。

金祥镐：割了一大车青草，这几天心里憋屈死了，干了大半天活儿出了几身大汗，还感觉痛快一点。

金成镐：是啊，不知道赵兰慧那边怎么样了。

金祥镐：一会儿出去打听一下。

金　母：哎哟，我这右眼皮儿从早起就一个劲儿地跳，弄得我这心里也不大安生。

金成镐：您怎么也信起这个来了？

金　母：咳，入乡随俗，这不也吃了十年的中国饭了嘛！快先洗洗换换衣服去吧，看都湿透了。（兄弟二人下，金母自语道）咳，这年月，眼皮不跳也难得安生。

金　妹：（慌慌张张哭喊着上）妈妈，妈妈——不好了！

金　母：（把抹布放在桌上）怎么了孩子？慢慢说！

金　妹：妈妈，刚才有两个当兵的……端着枪，踹开咱家后院的栅栏，抢走了两只羊！

金　母：什么？真是怕什么来什么，光天化日之下，他们……他们……简直是强盗！你大哥呢？

金　妹：大哥拦着他们不让牵羊，被他们用枪托打倒了，还有一个兵又踹了他两脚。我冲过去跟他们讲理，大哥一把拽住我，把我都拽倒了，那两个大兵拉着羊，骂骂咧咧地走了。

金　母：快去看看你大哥！（边说边往外走）

（金成镐、金祥镐二人上）

金成镐：妈，小妹，怎么了？

金　妹：当兵的抢走了两只羊，还打伤了大哥！

金成镐：（拉着金祥镐，猛地转过身）走，跟他们拼了！

金　母：成镐，你们不能蛮干！

金永镐：（穿着一身浅灰长衫上，拦住欲冲出去的金成镐兄弟俩）你们就这样出去拼？如今拿枪的连女学生都敢开枪打，你们两个愣头青跟他们拼，不如直接说你们想自杀！

金　母：永镐，你回来了？你大哥……

金永镐：妈，放心吧，我把大哥扶他屋里去了。枪托打在前腰上，我给他涂了清瘀消肿的药。

成、祥：那就这么算了？羊白白丢了，人也白打了不成？

金　妹：（用力挥拳跺脚）就是，太欺负人了！怎么也得讲讲理！

金　母：唉，要是遇到讲理的，就不会有这种事了！

成、祥：实在咽不下这口气！

金永镐：妈、小妹，你们过去看看我大哥吧，我跟他俩好好说说。

金　母：好，你好好劝劝成镐，不要再意气用事。（拉着小妹下）

金成镐：总是忍、忍、忍——忍到什么时候？（扭身坐到椅子上）

金祥镐：是啊，总是忍，都憋屈死了！（拉出另一把椅子，让二哥坐）

金永镐：（手扶椅背，仍然站着）前几天家里是不是来过什么人？

成、祥：（二人相视一愣）没有啊——

金永镐：没有外人到家里来过吗？

金成镐：哦，是不是李婶和赵兰慧？邻居也是……

金祥镐：那当然不算家里人。只是两个女人而已，手无缚鸡之力的，算什么危险分子吗？

金成镐：（恍然大悟）我明白了！这就叫欲加之罪，何患无辞？他想害人，什么都是理由！这些兵痞土匪，为了祸害女人，把人家的男人都说成是“勾结赤俄，宣传赤化”的危险分子，很多女人都跑到潞河中学去避难，教会学校成了女人的避难所！

金永镐：就是这样！刚才大哥对我说，那两个兵痞一边牵羊还一边说什么“你们窝藏女赤匪，要共产共妻，先共你们两只羊！再不老实，把你们家都共了”。

金祥镐：窝藏女赤匪？李婶和赵兰慧？

金成镐：（霍地站了起来）糟了！恐怕赵兰慧凶多吉少了，被叫成“女赤匪”，她还能有好吗？

金永镐：是啊！看来这帮坏蛋无比凶残歹毒，她们只是在咱家暂避一会儿，咱们就被盯上，恐怕赵兰慧她一家都凶多吉少了！

金祥镐：（攥紧拳头走来走去）穷凶极恶！罪大恶极！无耻透顶！（猛然站住，挥动拳头）我们却眼睁睁看着，只能忍受，无能为力！

金　母：（挎着一个小竹篮，篮里蒙着白色细布，步伐沉重而急促地上）李家遭难了！

永、成：（吃惊地围过来）妈妈，怎么了，您出去了吗？

（金祥镐愣在原地不动）

金　母：我听了你大哥说的兵痞们骂的话，嘱咐小妹照顾你大哥不要出门，就出去买豆腐，豆腐坊就在李婶家隔壁。远远儿地，我就看见李家大门上贴了封条！到豆腐坊一问，原来是昨天下午就来了一帮大兵，说是李家通匪，要全家收监！然后就把李家给抄了，一家四口全部抓走，大门也给封了。我买了豆腐赶紧回来，想必她外甥女赵家姑娘也没有好结果呀！（用衣袖拭泪）

（金成镐、金祥镐捶胸顿足，怒不可遏又无可奈何）

金永镐：（压住怒火，扶金母坐下）妈妈，您坐下歇会儿。我听了大哥的话，也预料到赵姑娘的结果了，但是没想到李婶家都不能幸免。（对金成镐、金祥镐）你们两个冷静一下，怒火万丈，把自己烧死，于事有益吗？

金成镐：我真的要把自己烧死了！

金祥镐：我也是！

金　母：（站起来拉住金成镐，抚着他的双肩）孩子，你坚持正义，也很勇敢，可你已经十八岁了，再也不是朝鲜平安道红南洞的那个七岁小男孩了！

金永镐：是啊成镐，坏蛋这样强大，他们不是一个人、几个人，甚至不是成百上千，是控制着中国甚至世界范围的强大的势力。你七岁的时候，可以一个人伸出手脚站成一个大字，阻挡侵犯了你的学校的日本校长；现在你十八岁了，还能干类似危险的事情吗？

金　母：你们的父亲，为了国家独立从朝鲜来到中国；为了追随他，我带着你们兄妹五个在这里安了家。整整十年过去了，朝鲜仍然是日本人的天下。现在，日本人的魔爪越伸越长，又想控制中国。你们的父亲，一直在为谋求国家独立东奔西走。现在我们都是中国人，也不应该再让日本人把我们的家夺走。妈妈不是小气的女人，不会拦着丈夫、儿子们为国家出力。但是，勇敢不是蛮干，当年你父亲的出走，不就是一种保存自己壮大实力的智慧吗？没有力量的时候，凭着勇敢去硬拼，除了牺牲性命还会有别的结果吗？

金永镐：是啊，妈妈说得对。成镐、祥镐，勇敢不是硬拼，要有智慧。千方百计壮大我们的力量，才能达到最后的目的。

（金成镐不停地点着头，凝神思索）

金祥镐：妈妈和二哥说的我都明白，可是……坏人如此强大，我们什么时候才能有力量啊？

金永镐：所以，我们更要沉得住气，坚决不要蛮干。爸爸经常在外边奔走，已经充满危险，妈妈带着咱们勉力支撑这个家，已经很不容易。况且，大哥一直身体不好，妹妹年纪又小，不要再让妈妈为你们的安危操心……

金成镐：妈妈、二哥，你们放心吧。从今天起，金成镐真正长大成人了！我再也不会动辄就去拼命，一定带好弟弟，增长智慧，学会保存自己，壮大我们的力量！

金祥镐：（点点头）是，妈妈、二哥，放心吧。我也会听三哥的话，不会盲目拼命的！

金永镐：（用力点点头）二哥相信你们！妈妈，您也放心吧，他们一定说到做到。祥镐，你帮妈妈去准备晚饭吧，我和你三哥再说几句话。

金祥镐：好。（拿起桌上的篮子，扶妈妈下）

金永镐：（目送母亲、四弟离开，扶住成镐双肩，郑重而激动地）成镐，你知道……我这次回家干什么来了？

金成镐：（急切热烈地）二哥，难道是……我的……

金永镐：（微笑着用力点头）是的，金成镐同志！（紧紧握住金成镐双手）

金成镐：（兴奋地摇着二哥双手，激动地）二哥……金永镐同志！

金永镐：（压低声音）上个月，我把你的申请交给了北京的党组织。经过组织的考查研究，昨天，负责同志告诉我，让我做你的入党介绍人并批准你加入中国共产党。因为通县还没有党的组织，就让我代替党组织，主持你的入党仪式。

金成镐：（激动地在衣襟上搓着双手）二哥，金永镐同志！我……应该做什么呢？

金永镐：到这里来。（拉着他走进里屋，关上房门）我们在这里宣誓！

金成镐：（四顾一望）向谁宣誓呢？

金永镐：我们还没有自己的旗帜，现在带什么标志出来也很危险。我们就举起右手，面向南方，向着太阳，向着大革命发起的方向，宣誓吧！

金成镐：二哥，有了！（到床前从褥子底下拿出一本小册子，双手捧到金永镐面前）我们把《共产党宣言》放在前面，对着指导我们前进的明灯，宣誓吧！

金永镐：好！（将《共产党宣言》端正竖立在床头柜正中，拉上窗帘）我们宣誓！

（二人站成一排，朝向《共产党宣言》，侧向观众，金永镐举起右手，金成镐跟随。金永镐领诵，金成镐相随宣誓）我志愿加入中国共产党，跟着党，打倒列强，铲除军阀，为实现社会主义、共产主义奋斗终身！

成镐，祝贺你成为一名中国共产党党员！（兄弟俩紧紧拥抱在一起）

金成镐：二哥，你放心。入党誓词我永远铭记在心，你今天叮嘱的多用智慧不要蛮干的话我也时刻提醒自己。我绝不会辜负党的信任，也不会辜负你的苦心。

金永镐：成镐，我相信，你一定会成为一个优秀的中国共产党党员！但是，现在斗争复杂，环境恶劣，入党的事情先不要让家里人知道，免得妈妈担心。

金成镐：好，我知道。一定小心谨慎，严守党的秘密！

金永镐：我这次回来，除了发展你入党，还要告诉你一件重要的事情，是关于我自己的一件喜事。

金成镐：你自己的喜事？不会是我要有嫂子了吧？

金永镐：你想到哪儿去了。遍观世界，黑云密布，狼烟四起，哪有心情谈恋爱成家啊！我说的喜事是，我和北京的一批大学生，被李大钊同志介绍到黄埔军校去学习军事，很快就要出发了！

金成镐：真是大好事啊！二哥，真羡慕你真正和革命同志在一起，还有那么好的机会！

金永镐：你也看到了，我们必须武装起来才有力量，不学军事，怎么跟军阀反动派进行殊死较量呢？只是我走了，你的担子更重了。通州的党组织要发展，家里也要照顾一下，毕竟爸爸经常不在家，弟弟妹妹还……

金成镐：二哥，你放心吧。咱们的妈妈是一位非凡的女性，弟弟的信仰你也知道，不会走歪路；小妹虽然小，也很懂事、很能干，我一定会带好他们的。

金永镐：好，辛苦你了！一会儿吃饭我就对妈妈说，学校工读生要到南方的大学巡游一年，就不要说去军校学军事了，免得她牵挂……以后，万一我不能直接联系你，我要带话给你的话，就用大钊先生的几句话作为可信的凭证吧：“本其理性，加以努力，进前而勿顾后，背黑暗而向光明，为世界进文明，为人类造幸福。”

金成镐：好，明白！……哎，二哥，大钊先生的话可能被多人引用，既做凭证，就要保证私密，我们加上一两句吧。

金永镐：对！你想得更周到。加什么呢？

金成镐：（一边思索一边念叨）一句话的凭证还要私密，就是暗语，还要说出自然，不留痕迹……哎——有了！

金永镐：是什么，快说说看。

金成镐：二哥，“进前而勿顾后，背黑暗而向光明，永成祥好！”怎么样？最后四个字是一句祝福，也是咱兄弟三人的名字，只是用“好”代替了“镐”字！

金永镐：“永成祥好！”好啊，美好的祝福，加上“进前而勿顾后，背黑暗而向光明”两句，自然顺畅，独一无二。

金成镐：那就这么定吧，也许以后祥镐还能用得上。

金永镐：好！记住它——

永、成：进前而勿顾后，背黑暗而向光明，永成祥好！

金永镐：成镐，千斤的担子交给你了，为国，为家，担起来吧！

金成镐：二哥，你肩上的担子也不轻。前路漫漫，自是一番凶险。但是，正如李大钊先生所说：为世界进文明，为人类造幸福。

金永镐：（跟上来二人齐诵）

以青春之我，创建青春之家庭，青春之国家，
青春之民族，青春之人类，
青春之地球，青春之宇宙——资以乐其无涯之生！

金成镐：二哥，我们共勉吧！（伸出双手给对方）

金永镐：（握住金成镐的手）共勉！

（灯转暗，第二幕完。）

第三幕：潞园燃星火

第一场：初尝探索

时间：1926年10月——深冬

地点：潞河中学博唐亭、德辰山、协和湖畔

人物：潞河中学高二学生：

金成镐、宏庆隆、康景新、张学渊、张树棣、金祥镐、申哲等

大屏幕背景：博唐亭、德辰山、砖桥、协和湖一角、甬路等处，随场景不同变换。

道具：几张石凳

【片段一】10月，潞园秋色初显。一天下午放学后。

金成镐：（手拿一本书边走边看，轻诵道）一条浩浩荡荡的长江大河，有时流到很宽阔的境界，平原无际，一泻万里。有时流到很逼狭的境界，两岸丛山叠岭，绝壁断崖，江河流于其间，回环曲折，极其险峻。民族生命的进程，其经历亦复如是。

金祥镐：（后边追上）三哥，三哥！看什么呢，这么入迷？

金成镐：（将手中的《新民国》小册子在金祥镐面前一晃）李大钊先生的《艰难的国运与雄健的国民》，说得真好。你跑什么？

金祥镐：（兴奋地）三哥，你的"社会学学习小组"名声在外了！这几天，我见有的同学走在路上，还在议论着"唯物史观""阶级斗争学说"呢；还有的同学说，共产主义和孟子的

"天下大同"有异曲同工之妙呢！

金成镐：（高兴地压低声音）是啊，没想到这么多同学对马克思主义学说感兴趣。但是，你不要过于张扬，我们在学校注册的社团是"社会学学习小组"，不时还要请《社会学》教员吴先生给咱们讲讲课，别让人们给咱贴上马克思主义的标签。虽然北伐在南方取得了一定胜利，但是在北京，张作霖的反赤同盟压制着革命活动，通县的反动势力仍然猖獗，只在咱们学校，还有一点自由的空气。如果有人刻意询问你关于马克思主义学说的话，你就说不清楚。一定要找到真正拥护社会主义的人。

金祥镐：三哥，我一直记着你的嘱咐，知道小心行事。现在就是想要告诉你，经过我的观察，有几个同学是真正拥护社会主义，一心要走上救国救民之路的人。

金成镐：好，你再观察一下，过段时间可以约上这几位同学，在小组学习之外讨论一次！我现在有点别的事情，先走了。

金祥镐：那好，我先回家去。

【片段二】大屏幕背景：潞园秋意渐浓，暮色初上。

（甬路上同学们往来行走，学生张树棣、李浩、龙耀庭边走边谈。）

龙耀庭：哎，二位，你说会有共产主义这么美好的社会形态吗？今天听了社会学学习小组的讨论，真有点心向往之呢！

李　浩：要说呢，一切为公，天下大同，按需分配，人人平等——真是再好不过的社会形态了，可谓古今中外皆有论者。但是，咱也算读了点书；再通过咱学校的这么多美国教员，对外国也有一点了解，地球上哪一个国家、哪一寸土地在实行着共产主义制度？一直不过是思想家们的空想罢了。

我看呢，尤其在中国，连想都不要想！

张树棣：李浩，既然读了点书，你就应该明白，社会是发展的，人类也是在进步的。美好的社会形态让人向往，怎么就不能变成现实呢？当然过程肯定是曲折漫长甚至是恐怖血腥的，但是，社会变革就是要以牺牲为代价的！如果说美好的社会形态以前是空想，那么现在不是有人在用行动促使它实现吗？

龙耀庭：树棣同学，你快说说，谁在促使美好的社会不只是空想？

张树棣：俄国革命不就是实例吗？在那里……

李　浩：（掉过头去做停的手势）树棣同学，打住吧。咱们是好朋友，又是同乡，出来求学不容易。咱们好好念书，学了本事报答父母，多长出息报效国家就行了，也不枉为读书人。至于“革命”之类的行为，咱还是少想，更不要做吧。成功渺茫不说，先把自己的命革没了，可怜的只有咱的爹娘。

龙耀庭：（停了一下，点点头）也对！人生苦短，还是多想眼前的出路吧。树棣，李浩说得对。咱出来求学，还不是为了求个前程，要把命革没了，还不如在家守着过安稳日子呢。

张树棣：（有点着急）可是，社会变革本来就不是一蹴而就的，需要有人开风气之先啊！我们出来读书是为了求个前程，可是国家积弱积贫，被列强欺凌已经到了苟延残喘的地步，我们能有什么好前程？国家安定富足，才会有个人的幸福可言啊！

李　浩：（语气诚恳发自肺腑）树棣，好兄弟，咱两家离得近，我和你从小相识，欣赏你的聪慧，更敬佩你的人品，总是先人后己堪为君子。可是，在当今中国，社会变革国家富强不是我们平时的处世为人，那得置身于刀山火海真得拼命而为啊！我也不是两耳不闻窗外事的人，《新青年》我也看过几本，那几位新文化领袖的文章也拜读过几篇，也曾经心潮起伏了几下。可是，遍观当今的中国，还是胡适之先生所言“多研究些问题，少谈些主义”来得现实而明智。老弟，咱坐下来读书吧，你从小体弱，有时间多去打打球、跑跑步，咱唐氏大操场可是得天独厚啊！肺腑之言，若有冲撞还当海涵。以后的这种讨论会，愚兄不才，就不要叫我参加了。（双手一揖）保重！（转身走去）

龙耀庭：（匆忙对张树棣一揖）是啊，树棣，李浩说得实在，你好好想想啊！保重。（转头去追李浩）

张树棣：（本想再说什么，但终究张了张嘴又停住。愣在原地，目送他们走远，摇摇头自语道）唉！本想帮成镐一把，多争取一些同道共同奋斗，多一个人就多一份力。可是……唉，要是宏庆隆不退学就好了，他一定是个坚定的马克思主义者。人家金成镐，一个外国人，东奔西走的，图个什么呢？

金成镐：（从后边悄悄走上拍拍张树棣肩膀）图的是国家不被列强蹂躏，人民不再被肆意涂炭！

张树棣：（猛地一惊）成镐，是你！看我……这么点忙都没有帮上。

金成镐：（安慰地）不要难过，人各有志，不必勉强。毕竟，这将是一项极为艰难的事业，恐怕是要流血的。我们走吧，去等祥镐他们，我们需要钢铁一样坚硬的同盟者。（二人边聊边下）

金祥镐：（带康景新、张学渊上）刚才讨论会上的气氛真是热烈啊！今天差不多有三十人来咱们社会学学习小组参加活动吧？

张学渊：是啊！令兄金成镐同学的讲座很让人有耳目一新之感啊！

康景新：很多同学被马克思主义学说的新鲜所吸引，很希望了解一些社会发展的规律或者趋势，但是……我也感到有些人只是凑凑热闹。

金祥镐：哎，这也正常。起码我们的活动起到了宣传马克思主义学说的作用，让人人接受毕竟是需要一个过程的。

张学渊：是啊，今天成镐兄发给大家的李景汉校友的几篇调查报告很有说服力，应该让更多的人看到这样的材料——《北京无产阶级的生活》《北京农村的现状》《北京人力车夫现状的调查》，都是中国多数人生活状况的最有实力的证明！让多数人在贫困中挣扎、在痛苦中生活的社会就是罪恶的社会！这样的社会还不变革只能灭亡，成为列强蚕食的对象！

康景新：有些同学认为这些材料很有意义，甚至说将来做一个李景汉学长这样的人，当着大学教授，过着体面的生活，还能忧国忧民，把社会疾苦展现给世人，以唤醒人们社会变革的意识，不也很好吗？

金祥镐：可是，李景汉学长已经把他调查的结果详细地呈现给世人了，再去这么做就是重复以往，没有什么意义。就像医生已经写出了病状，下面需要做的是对症下药，实施治疗。

张学渊：多数同学还是注意到这一点了，这也是大家争论最热烈的地方。有的同学说用中医疗法保守而治——就是社会改良；有的说用西医疗法彻底割除病灶，一次性治愈最为有效！还有的说，中医也不全是保守治疗，对毒深入骨的病患还是要刮骨疗伤的，不也是该彻底的彻底吗？

康景新：说得好！我们就是不能非此即彼，走两个极端！需要刮骨时刮骨，不能怕疼；需要保守时保守，保留自然身体机能。

张学渊：那你说，我们现在的变革应该采用哪一种方式呢？

暮色更浓（大屏幕背景光线转暗），金成镐、张树棣从另一侧（山后）出来，大屏幕显示德辰山后靠近湖边的背景。

金祥镐：三哥，你们两个早就到了吗？

新、渊：二位学长，让你们久等了！

金成镐：二位学弟客气了，以后咱们常在一起学习讨论，就直接叫名字吧，更方便一些。（笑对金祥镐）你就不同了。（大家一起笑）

张树棣：祥镐，就是这二位同学要和我们一起开展社会实践吗？

金祥镐：是的，我们是同班同学，平日里最为了解，也是情趣最相投的。

金成镐：好，同学们，今天想和大家商量商量下一步的活动。两个月来，因为大家的努力，我们学习小组的活动得到很多同学的关注。为了进一步扩大我们的影响，（压低声音）也为了让更多的劳苦大众了解社会主义，争取更多的革命同盟者，（恢复声音高度）为了践行基督青年会服务社会服务大众的精神，我们打算在学校开办平民夜校，召集学校校工和附近失学的儿童，让他们学文化，也可以学技能，享受到受教育的快乐，或许真能改善他们的生活。

祥、新、渊：好啊，好啊。怎么办呢？

张树棣：我现在是青年会游艺室主任，可以请示学校腾出青年会一个活动室，作晚上上课的场所。学校校工肯定是愿意学文化的，关键是上课的教员。

康景新：我们去做教员吗？

金成镐：为什么不可以？

渊、祥：是啊，完全可以啊。

金成镐：那我们商量一下，也排一个课表，上报学校请示批准，我们就可以开课了！

金祥镐：可是，我们教他们什么呢？

张树棣：先教他们识字。多数工人连自己的名字都不认识，让他们认字，看懂一般的书信，要是能够写字、学会写信就更好了。

金成镐：是啊，中国的底层民众太苦了！李景汉学长在他的报告序言里说："人民如惊弓之鸟，在恐惶中过生活。"他们生得辛苦，活得卑微。连自己的名字都不认识，是多么悲哀的事情啊！咱们要教他们识字，不止让他们认识、会写自己的姓名，还要让他们懂得劳动神圣的道理！让他们知道，劳动是用双手创造社会价值，也是对社会的一份贡献，并不丢人，更不低人一等！劳动者要生得体面，活得有尊严！

祥、新、渊、棣：对！生得体面，活得有尊严！

【片段三】深秋，落叶满地。一天清晨，初阳微露，霞光映得树梢发亮，甬路则显得光线发暗。

（校工李长发师傅刚刚扫完落叶，一手拖着扫把立在路旁，看着学生们走进课堂。学生们穿着深秋服装，三三两两走向各个教室。金成镐、金祥镐兄弟俩远远走来。）

金成镐：李师傅，您早！

金祥镐：李师傅早！

（二人到李师傅身边停下说话）

李师傅：（恭敬鞠躬）二位金先生好！

金成镐：（慌忙鞠躬还礼，一旁金祥镐也还礼）李师傅，您是长辈，千万不要这样行礼。另外，您也别叫我们先生，就当我们是您晚辈，直接叫名字吧。我是成镐，我弟弟叫祥镐。

李师傅：（连忙又鞠一躬）这怎么使得呢？我老李虽然没有文化，也懂得古人说的一日为师终身为父，你们年龄小，也是教我识字的先生，该按规矩来。

金祥镐：（也施一礼）李师傅，您不是小学生，您会那么多手艺，平时不也教我们修理农科工具了吗？那么说，您也是我们的先生呢！

李师傅：（呵呵笑着，在衣襟上搓搓手）这……这算什么先生呀，那不过是干点活儿。

金成镐：李师傅，您教我们干活儿，那就是先生啊！所教不同罢了。以后就叫我们的名字吧——您先忙，我们上课去了。（一拉金祥镐转身欲走）

李师傅：（有点慌张）哎——金先……哦成镐，我，我想……

金成镐：（停下脚步）李师傅，您有事？需要我们帮忙尽管说。

金祥镐：是啊李师傅，您尽管说。

李师傅：（有些迟疑地）唉，也不想给你们添麻烦……就是，这一个月我识了几个字，回家显摆了一下，写了自己的名字，也写了儿子的名字。我那十岁的小子就想来夜校上学，他妈也说快入冬了，地里没啥活儿，想让他来识点字儿，将来少受点欺负。

金成镐：（爽快高兴地）好啊李师傅！只要小弟弟能来，我们就教他。咱还有农科技工夜校，还能学点农业技术呢！

金祥镐：不仅识字，还能学点养殖类的技术！

李师傅：（高兴得无可措手）那敢情好啊，我今儿就捎话儿回去，让他晚半晌赶过来，晚上上夜校！

成、祥：好！李师傅，我们先走了。（转身走下）

（李师傅高兴地点着头，拿起扫把从另一侧下）

【片段四】冬日清晨，光线较暗。白雪覆盖潞园，雪花仍在飘落。

（李师傅挥动扫把扫着雪，很少学生从甬路走过。每当有人走来，李师傅便停下问好，学生大多还礼问好。张学渊、康景新从饭堂赶向教室。）

张学渊：（热情地招呼）李师傅早！（与康景新同时站住）

康景新：李师傅，您把路都扫出来了？雪还在下，等等雪停了再扫吧。

李师傅：雪下得大，我就扫扫通向各处门口的路。不然师生们脚上沾了雪，到教室一化鞋就湿了，不是怕冻脚吗？教室里都是水，上课也冷啊！扫了雪冻不成冰，走在路上脚步稳当！

张学渊：您想得真周到，谢谢您！

康景新：辛苦您了，谢谢。（二人鞠躬施礼，下）

（李师傅继续扫雪，甬路上学生渐渐多起来。李师傅停下问好，学生大多点头还礼。两个分别穿毛呢大衣、皮衣的学生夹着书本走来，二人各自打着一把黑色帆布伞。后面，申哲和张树棣把书包顶在头上走着。）

李师傅：（见有人过，停下扫雪站在路边，笑着招呼）二位同学好！

魏司晨（穿毛呢大衣者）：（摇头晃脑傲慢无礼）你不挡在路边，我们更好！

丁超凡（穿皮衣者）：（昂然而过，脚步不停，自言自语般，声音却不低）一句“劳工神圣”，就不知道几斤几两重了。

魏司晨：（回头不屑地）草鸡还能指望变凤凰不成？

（李师傅气得有些颤抖，却说不出话）

张树棣：（大步赶上来，大声地）李师傅，您辛苦啦！有些人是不配您问候的！

申　哲：（大声地）是啊李师傅，有些人的心啊比雪还冷，没有人心的热度。您辛苦了，已经扫出路来，等雪停了再扫吧。

（魏司晨、丁超凡停下脚步转过头来，终究无言以对，“哼”了一声一起走下。张树棣、申哲随后下）

学生甲、乙：（一路相跟小跑上）李师傅辛苦！

李师傅：（微笑点头）哎，哎，二位同学好！慢点走，路滑——

（灯光转暗，第一场结束。）

第二场：少年壮志

时间：1927年早春

地点：复兴庄金家成镐、祥镐房间

人物：金成镐、宏庆隆、金祥镐、张树棣、康景新、张学渊

大屏幕背景：一面砖墙，高高的小窗户，中间一个方桌，桌上

是带罩油灯。

道具：方桌两边，靠墙各有一张单人床，是兄弟俩的寝具；方桌侧面靠床各有一把椅子。

幕启——

成镐、祥镐各在方桌一边看书，记笔记，油灯在中间闪亮。画外声音：

金小妹：（敲门，声音不大，屋内足够听清）三哥，有同学来了，认识的！

宏庆隆：谢谢小妹。（敲门）

（屋内两人同时站起来，情不自禁出声：宏庆隆！金祥镐迅速开门，宏庆隆进屋内）

金成镐：（走到床边，拉他坐在床上）庆隆，真有你的，悄悄地走了，又悄悄地回来！

金祥镐：庆隆兄，你坐，我去倒杯水！（开门下）

宏庆隆：（掩饰不住的激动）成镐，说来话长，我慢慢跟你说。

金成镐：去年暑假，祥镐告诉我你退学回家了，我真不敢相信！你本来对我说要在北京找点活儿干，自己挣点学费的，怎么突然就走了呢？都没过来打个招呼，还杳如黄鹤没有一点消息！

（金祥镐拿着一把茶壶、两个水杯进屋。将壶与杯放到桌上，倒上两杯水）

宏庆隆：一言难尽啊！放假后，你们都回了家，我去北京找了一个同乡，他们在那儿经营着一家修钟表的小店，还卖点书刊杂志。我本想去帮个忙也能赚点生活费，谁知道在那里遇到了一个人！以后的事情就由不得我了。

金成镐：什么人那么有威力，还能左右你的行动啊？

金祥镐：（先端一杯给宏庆隆）庆隆兄，先喝口水润润嗓子。（又端一杯给金成镐）三哥，你也喝一杯，你俩慢慢聊。（说完转

身欲走）

宏庆隆：祥镐，你不用走，有事先跟你们两个商量，你们看看行不行。

成、祥：（有些吃惊地）什么事，这么着急？

宏庆隆：（吹着杯里的热气）我回来半个月了。

金祥镐：那你怎么没到学校？真不打算念书了吗？

金成镐：（将水杯放到桌上）祥镐，别着急，让庆隆慢慢说。

宏庆隆：（喝了一口水）我回来以后，住在开杂货铺的远房亲戚家。因为多年没走动，本来断了消息，这个春节他回家看老人才又联系上。这回他想增开一间老家风味的早点铺，我就先帮了帮忙，还是得先筹点学费啊。还成，早点价格实惠，生意不错。我以后晚上放学帮着打打下手，还有了住处，就能交上学费了。

金祥镐：那你上半年，就是去年暑假后的这半年，你干什么去了？

宏庆隆：（边喝水边说，轻描淡写）我去了南方。

成、祥：（压低声音却掩不住吃惊的语气）南——方？哪里啊？

宏庆隆：是的。去了武汉。

金祥镐：怪不得你一去不返，还没有一个字的消息。在那儿干什么了？

金成镐：（镇定沉稳地）哦，还是听庆隆慢慢说吧。

宏庆隆：（喝完最后一口水，站起来。金祥镐抢过水杯，拍他肩膀坐下，自己去倒水）谢谢祥镐。去年夏天，在北京遇到几个大学生要到南方考察，我就跟着一同去了。到武汉，大家马上被轰轰烈烈的大革命气氛所吸引，到不同的地方去参观学习，很快就过了半年。因为当时走得急，没来得及跟你们打招呼。也不知道以后怎么样，我就把行李从学校拿走了。

金祥镐：（将水杯递给宏庆隆，不解地）怎么又回来了呢？那么热烈的大革命气氛，那么自由的空气，还舍得回来？

金成镐：是啊，庆隆，你快说说。

宏庆隆：在武汉，我参观了很多地方。最后进了刚刚开办的工人运动讲习所，完全由共产党开办的，讲课的都是学识渊博的革命者，学习了很多革命道理。本来，我真想留在南方直接参加火热的斗争。狼烟遍地，民不聊生，哪有闲心静下来读书啊！可是，领导听说我是北方人，还在北京一带念书，就让我回来宣传革命道理，壮大革命力量。还有，京东地区尤其是唐山一带，有大量产业工人，也需要有人深入其中开展工作，就让我和同去的几个北京学生回来了。

金祥镐：那你为什么没有马上来找我们呢？

宏庆隆：这里不同南方，白色恐怖犹如罗网，哪能随便行动呢？这时候回来，我自然需要一些准备啊。先去学校办了复学手续，看到校工李师傅还聊了半天呢。知道你们一直在宣传革命道理，但是有些活动毕竟不能在学校里公开去做。

金成镐：是的。尽管新上任的陈昌祐校长思想开明，为人坦荡，毕竟学校处在白色恐怖包围之中。我们的学习小组能一直存在，就已经很万幸了。

金祥镐：你还是想回潞河上学啊？太好了，平民夜校再加上你这么个见了世面的好教员，就更棒了！

宏庆隆：（看看金成镐，又看看金祥镐，恳切地）成镐、祥镐，从南到北这么一看，真有冰火两重天的感觉。其实，南方的革命形势也能感觉到暗流涌动，国共两党的合作是否能够进行到底也不好断言。所以，我感觉形势紧迫，把信仰坚定的人组织起来形成合力，发挥更广泛的作用已经时不我待，做好了入学准备我就急着来跟你们联系了。

金成镐：那你打算怎么办呢？

宏庆隆：成镐，我们一直无话不谈，彼此信赖。现在这么关键的时候，我也不想对你有所隐瞒。在武汉，我加入了共产主义青年团。我想，咱们能不能把潞河的几个信仰一致、立场坚定的同学组织在一起呢？（站起身来，面向金成镐）形势严峻，才需要我等“进前而勿顾后，背黑暗而向光明，永成祥好！”

金成镐：（陡然一惊，站起身来）庆隆！

金祥镐：（急切地）三哥，我觉得可以！现在这样下去，我们都觉得有点难以发展了。

金成镐：（果断地）祥镐，你跑学校一趟。今天周六，树棣、景新他们都可以出来，你带他们快到家里来。

金祥镐：还有张学渊吧？

金成镐：对。张树棣、康景新、张学渊，你把他们带到家里来，就说我请他们来的，其余不要说。

金祥镐：好，我很快就回来！（急匆匆出门而去）

金成镐：（激动地面向宏庆隆）庆隆，你……

宏庆隆：（放下水杯握住金成镐的手）是的，我见到了永镐学长。

金成镐：（急切地）二哥怎么样？他怎么去了武汉？

宏庆隆：永镐学长穿上黄埔军校制服，非常英武帅气，精神很好。去年 12 月，黄埔五期的炮兵科和工兵科学员迁到武昌，永镐兄在炮兵科学习，就一同过来了。有一位辅仁大学的工读生，是我们一起到武汉的伙伴，他说恰巧在街上邂逅永镐兄，就召集几位北京同道聚了个会，我才和永镐兄见了面。在我回来之前，我又单独找了永镐兄一次，我们聊了很多。

金成镐：二哥学习炮兵，真是太棒了！想想就有力量！

宏庆隆：是啊，革命要胜利就需要强大的力量！可是相对而言，我们的力量太薄弱了。永镐兄说，在黄埔，国民党内也有左右两派在较量，如何选择对每一个人都是严峻的考验。他说，他最喜欢的教官有叶剑英和聂荣臻，他想跟他们走下去了。我也跟他讲了在工人运动讲习所听讲的感受，刘少奇先生的讲座与中国现状的联系最为紧密，工人阶级就是要团结起来，才能争取劳动的成果和做人的尊严。

金成镐：相比南方而言，北京的工人运动还是显得力量不足，声势也不够啊。

宏庆隆：这也是我和几个同道回来的原因。如果要彻底消灭这个人吃人的旧世界需要燃起熊熊烈火的话，我们也只是一颗小小的火种，能否形成燎原之势，就看斗争的效果如何了。

金成镐：庆隆！为了点燃烧尽旧世界的火海，我们就做一颗火种吧！火种虽小，我们努力燃烧自己，点亮身边的黑暗；我们再把更多的火种，播撒到茫茫的荒原之中，就可以点亮整个世界！星星之火，就可以形成燎原之势！

宏庆隆：是啊！所以，我才急着找到你，也是请你把可靠的力量召集到一起，我们尽快形成一致的力量。

金成镐：你放心，这几位同学都是坚定信仰马克思主义，拥护俄国十月革命的人，大家都在积极想办法，努力宣传革命道理，只是限于形势，还没有走出去。

宏庆隆：别着急，我们大家一起想办法，分工协作。还要俯下身来，保护自己，把触角伸出去，默默扩大影响。

金成镐：好。我们已经想了一些办法，除了平民夜校之外，还想出版一份刊物，借着潞河思想开放、鼓励学生各展其才的教育环境，不动声色地宣传革命思想。

宏庆隆：这是个好主意，出版什么刊物，准备得怎么样了？

金成镐：已经报请学校批准，第一期稿件都准备好了，只是还没有编辑出版。带有革命倾向的文章，大家都另取了笔名以备不测。

宏庆隆：嗯，很好！刊物名称有了吗？

金成镐：有了，大家不想在名称上带有任何倾向。潞河已经有了《年刊》《半月刊》，我们就出个《旬刊》吧，更新得还快一些！办刊宗旨为“借刊物以联络在校及离校师生之感情；谋学术思想之精进；创作本能之发展；及讨论一切需要问题”，还可以借此联系社会上的校友。

宏庆隆：好！我也算一个，加入《旬刊》编辑部！

（画外金祥镐声音：“三哥，我回来了！”带张树棣、康景新、张学渊上）

金成镐：欢迎各位同学！你们看，这是谁？（将宏庆隆推到大家面前）

棣、新、渊：（小声惊呼）宏庆隆！

（大家一一寒暄握手，张树棣拥抱捶打宏庆隆后背）

张树棣：祥镐，你还一路保密啊！怎么不早说呢？

金成镐：树棣，是我没让他告诉你们，怕你们兴奋过度，路上忍不住议论，惹人猜疑。

张树棣：也对，是要小心些才是，我是太惊喜了。（宏庆隆拍拍张树棣的肩膀）

金成镐：大家都坐吧，椅子少，就坐床上！（大家纷纷坐下。金成镐、张树棣、宏庆隆左边，金祥镐、康景新、张学渊右边）时间紧迫，以后有时间再叙离情，今天咱就直入正题。庆隆，你和大家说吧。

宏庆隆：好，同学们，今天闲言少叙。这半年我去了大革命轰轰烈烈的武汉，非常受鼓舞和启发。这次回来，是想从咱潞河开始，把大革命的火种一点一点地播撒出去，让咱北方的广大地区，也像南方一样掀起大革命的热潮，加快彻底推翻旧世界的步伐，赢得人民当家作主的最后胜利。

康景新：太好了！学长，我们该怎么办呢？

张学渊：是啊，我们都铆足了劲儿，早就想大干一场了！

金成镐：同学们，这半年大家都坚定了马克思主义信仰，也做了不少传播革命思想的努力。但是，我们还要像种子一样，扎根到各个地方，收获更多的同盟者加入革命阵营，壮大我们的力量。

宏庆隆：我想，我们应该组织起来，尽快开展有效的工作。在武汉，信仰共产主义的进步青年组织叫共产主义青年团，简称共青团，受中国共产党的统一领导。我们就先成立一个共青团支部吧！大家同意吗？

金成镐：我提议，庆隆视野开阔，经验丰富，就做我们的支部书记！一并举手表决。（率先举起了手，大家纷纷举手表示同意）

宏庆隆：（站起来激动地）好，同学们，中国共产主义青年团潞河中学团支部——成立！在以后的斗争中，我们一并努力，不惧生死，奋斗到底！

（大家纷纷站起，在宏庆隆身边站成一排）

金成镐：庆隆，为了表示我们革命到底的决心，大家一起宣誓吧！就用大钊先生的《青春》中，我们都喜欢的一段为誓词。（举起右手）

宏庆隆：（举起右手）好，我们一起举手宣誓，吾愿吾亲爱之青年——

（大家举手齐诵）

进前而勿顾后，背黑暗而向光明，
为世界进文明，为人类造幸福。
以青春之我，创建青春之家庭，
青春之国家，青春之民族，
青春之人类，青春之地球，
青春之宇宙，资以乐其无涯之生。

（灯光转暗，第二场结束。）

第三场：巧露锋芒

时间：1927 年暮春至初夏

地点：潞园博唐亭、文氏楼礼堂

人物：金成镐、宏庆隆、张树棣、金祥镐、康景新、张学渊、龙耀庭、李浩、魏司晨、丁超凡、学生甲、学生乙等

幕启——

大屏幕背景：暮春，潞园杂花生树，杨柳堆烟，博唐亭前春意盎然。

【片段一】博唐亭前甬路上。

（星期日上午，魏司晨手拿一份油印小册子，边走边翻看，嘴里嘟嘟囔囔地念着里边的内容。丁超凡后边追上。）

丁超凡：（追得有点气喘）司晨，魏司晨——你今天怎么没等我？追得我好苦！

魏司晨：（站住等他，揶揄道）怎么？从宿舍追到这儿，就上气儿不接下气儿，还能干点啥不？是不是又犯……

丁超凡：（追上来打断他）犯什么糊涂？我是从学校门口追过来的好不好？昨天没在学校，在老姑家住的！

魏司晨：（会意一笑）明白，老姑家有表妹！这么早就舍得回来了？

丁超凡：（白了他一眼）以后不许说那死丫头，念了几天师范满口什么自由平等，还要出国去什么勤工俭学，都不正眼看我，简直是疯了！

魏司晨：（故作神秘地）唉，我可告诉你，那通县师范可不是清净之地，男校女校的学生都不安生！要什么男女平等、婚姻自主，还不是受了共产党的蛊惑，想共产共妻……

丁超凡：（着急地）什么什么，共什么？

魏司晨：共产共产——什么都共！本来咱们老祖宗的规矩是男女授受不亲，就算是当代提倡男女平等，受教育也是男女校分立的吧。这帮人天天男男女女混在一起，不好好念书还闹

罢课，喊着什么婚姻自由、男女平等，上街游行，不是明摆着伤风败俗吗？小姑娘天天跟着这些人，心不野才怪呢！去年夏天一个姓赵的女师学生就是因为跟他们搅和在一起，才抛弃从小订的婆家逃婚了！

丁超凡：逃婚？一个小丫头这么大胆啊？

魏司晨：咳！你不知道有人蓄意挑动吗？他们以爱国为名，上街宣传，游行示威，做出英雄壮举吸引单纯的女孩子注意。你想，女师的学生多数是大家闺秀啊，顶不济也是小家碧玉吧？自古美人爱英雄，那些人高喊爱国口号，应该是醉翁之意不在酒吧？

丁超凡：对对对！我那表妹最近就是爱说什么家国天下之类的名词，说我只会想自己的前程小日子，没有大丈夫气概！怪不得呢，原来有人以爱国之名行不轨之事，我那傻表妹还当他们是英雄！不行，我得告诉我姑姑，好好看着小丫头，干脆别再让她上学了，小丫头家不在家好好待着，跑到外边爱什么国？爱国的事儿，是她们干的吗？

（二人聊得投入，不觉有人走近。康景新、张学渊拿着新出版的油印小册子边聊边上，听到二人谈话站住）

康景新：身为国民，谁都能爱国。爱国还分什么人吗？

丁超凡：（闻言一惊，转头反击）我说我表妹，关你什么事？我们家人就是得规规矩矩的！

张学渊：谁说爱国就是不守规矩了？

魏司晨：（笑嘻嘻打圆场）不是爱国不守规矩，应该是爱国有各种方式！

康景新：不管什么方式，真爱国就是好事！不分什么人，谁都有权利爱国！（和张学渊一起下）

魏司晨：对对对，天下兴亡匹夫有责嘛！

丁超凡：（对着他们的背影呸了一口）我说我表妹，关他什么事？

魏司晨：看到了吧？这就是爱挑事儿的人之一，不是，之二！他们动不动就以爱国的名义，在同学中威信还挺高呢！

丁超凡：哼！我得揭穿他们的真正动机！

魏司晨：揭穿动机？很好！还要从根本上阻断他们的源头，让他们走不出去，形不成影响，就不会蛊惑人心，让单纯的人上当了！

丁超凡：对对对！可是怎么阻断他们的源头呢？

魏司晨：我们要想办法取得学生自治会的领导权，引导学生安心读书，学好科学，学好本领，将来好好服务社会，不一样是爱国吗？非要眼睛盯着窗外，动不动就走上街头游行示威，怎么能学好文化增长本领呢？大家都静下心来读书，就不会有人借着爱国之名去蛊惑人心了！小表妹那么单纯的女孩子自然就会做回贤良淑德的大家闺秀了！

丁超凡：对啊！这个主意不错！可是，怎么拿到学生自治会领导权呢？

魏司晨：办法是人想出来的嘛！大周日的叫你来，就是要找几个人商量商量！

（二人下，灯光暗。）

【片段二】5月初，周六下午放学以后。

（文氏楼礼堂小剧场，上书横幅——学生自治会换届选举。学生甲、乙抬一张桌子放在台前。学生三三两两走上。金成镐等六人以及李浩、龙耀庭等人前后走来。）

李　浩：（边走边说）听说这次学生自治会委员选举还提供了几位候选人？

龙耀庭：我也听说了，所以来凑凑热闹，看看名单上都有谁。

金成镐：（对李浩）李浩同学，听说还有你呢！

李　浩：（笑呵呵地）金成镐同学，你可真会开玩笑！自治自治，我治好自己就行了。

（几人一起笑起来。现任自治会主席李万年、常务委员谢鸿儒，在魏司晨、丁超凡等人簇拥下快步走上）

谢鸿儒：（快步走到桌子后面，站在讲话席位置，先清了清嗓子，大声道）诸位同学，请安静！因为高三学长将要毕业离校，今天，我们潞河学生自治会占用大家一点时间，举行下一学年的学生自治会成员选举。考虑到诸位学业紧张，各项事务繁忙，有同学提议，直接由现任自治会主席提出候选人名单，大家投票表决。（下面议论纷纷，他挥动双手做出制止的手势）大家先不要议论，等现任主席李万年同学宣读候选名单之后，候选者上台宣讲他们的治会理念和为大家服务的宗旨，各位可以考查他们的能力，然后投票决定支持与否。请李万年同学宣读候选人名单！（带头鼓掌，几个人跟随鼓掌，多数同学沉默）

李万年：（走到台前）各位同学好！提供候选人的理由，常务委员谢鸿儒同学已经说过，我就不再多做解释。只补充一点个人见解，我觉得这是一个很好的选举办法，时间宝贵，省掉层层推选环节，可以节省很多时间。现在讲究“革命”“变革”，我觉得这也是我们自治会选举制度的一次变革尝试。大家或许对候选人不是很熟悉，但是可以通过他们的自我介绍和治会理念的陈述来了解他们，是否同意他当选，决定权还是在大家手里嘛！下面我宣读增补委员候选名单：贾宝瑞、丁超凡、魏司晨、李越、马博洋。（台下又响起议论声，李万年挥挥手，继续说道）请他们几位各自上台宣讲自己的治会理念吧！

龙耀庭：（声音较大）这是谁提供的名单啊？是这几个人啊！

学生甲：且听他们怎么说吧。

贾宝瑞：（穿西装，脚踏皮鞋，快步上台，鞠躬）诸位同学好！承蒙各位抬爱，让我忝列候选人名单。（下面有人喊：谁抬举的你啊，眼神儿不济吧！贾宝瑞弯腰鞠躬，接着说）主席第一个念了我的名字，我就斗胆上台先讲一下。本人贾宝瑞，（自我讪笑道）不是贾宝玉啊，山东人氏，现在高二甲班就读。本人本着服务同学、服务他人的理念，于上学期加入本校膳食委员会，为同学们合理搭配营养，调剂饮食，不辞劳苦……（台下议论纷纷）

学生甲：（大声喊道）怪不得这学期膳厅的饭越来越差，中间还让我们加一次伙食费，原来是你为我们调剂饮食呢！

（大家七嘴八舌，议论膳厅伙食糟糕，饭菜却很贵）

贾宝瑞：（有点慌乱）大家听我说，人所共知，一年来社会动荡兵乱频仍，物价涨幅太大，自然会影响到我们的膳食供应。（很委屈地）凭良心，我绝对没有私吞大家的膳食费！说实话，有时候为了大家吃好，我还……自己往里补贴呢！

张学渊：（走到前边，拿出两张纸）贾宝瑞同学，你看看这个，我们青年会刚做的市场经济调查，这是半年来每个月的粮油蔬菜价格统计，这张是你的财务报表，两张表上的各类食品价格有很大差距吧？你自己比较看！

（同学们的议论声更大起来）

学生乙：怪不得半年来你的打扮越来越洋气呢，先是布鞋换皮鞋，再是布袍换西装，鸟枪换炮，越换越强啊！

学生甲：学渊同学是青年会副会长，他们的调查表肯定可信！

贾宝瑞：（额头有些冒汗，强词夺理）那位同学，你不要冤枉好人啊，家父认为我来北京念书，理应打扮得入时一些，特地寄给我的置装费……（恼羞成怒，对魏司晨）我本来就不想当什么自治会副会长，无缘无故惹一身骚！对不起，不伺候了！（扬长而去）

李万年：（有些尴尬地对大家解释）同学们！我只想到这种做法能节省时间，没想到有这样的劣迹的人还敢参选！（对魏司晨）你给大家解释一下，这就是你说的乐于服务大家、有奉献精神的人吗？

魏司晨：（谦逊认错）对不起学长，我只是听了他的一面之词！

宏庆隆：（走上前）没那么简单吧？整天和你在一起厮混的丁超凡怎么样你不知道吗？

丁超凡：哎哎哎，怎么扯到我身上了，我招你惹你了？

宏庆隆：你没招我也没惹我，你平时好逸恶劳不好好念书也跟我没什么关系，但是你参选自治会委员就与我有关了。我们的自治会委员，绝不能让有恶习的人担当！

丁超凡：（色厉内荏地）谁有恶习，你这是……污蔑！

宏庆隆：是不是污蔑你自己知道，谁总以串亲戚之名去校外住宿？你真住姑姑家了吗？你姑姑家在东关，你去北关干什么？那里是瘾君子的乐园！你的隐私我不揭穿，但是我有责任让大家知道，身染恶习的人不能进我们的自治会！

谢鸿儒：哦，真是失误了！（对李万年）万年，这次选举取消吧。赶紧启动以往的选举程序，还来得及！

李万年：好！同学们，对不起大家了！这次选举取消，还是各班推荐人选吧！过两周咱们在这里集合，宣布新的自治会成员名单。

（大家鼓掌称好，有人开始往外走）

魏司晨：（有点气急败坏）大家等一等！选举取消也要把话说清楚，这里有阴谋！

李万年：（一惊）阴谋？什么阴谋，谁有阴谋？

魏司晨：（从兜里掏出一本油印小册子摔在桌上）这就是凭证！

谢鸿儒：这里有什么阴谋？你说说看！

魏司晨：（站到桌后，胸有成竹、理直气壮地）大家不觉得今天的选举现场有些诡异吗？阻止选举进行的都是什么人？大家看看！站在前边的都是这个小册子的策划者、编辑者！

李万年：（惊异地）这不是《潞河旬刊》吗，怎么了？

魏司晨：这本小册子里就藏着阴谋！（边翻边说）你们想，他们的办刊宗旨是“借刊物以联络在校及离校师生之感情；谋学术思想之精进；创作本能之发展；及讨论一切需要问题”，这里哪儿体现什么联络感情和学术思想了？都是在鼓动“暴力革命”，宣传赤化……

谢鸿儒：魏司晨同学，你这话可不是随便说的！

魏司晨：我的话绝对持之有据，不是随便说的！你们看看这篇——《潞河的精神》，署名还是一个字“客”，“客人的客”，怎么不写真名啊？有问题啊！你们听——

“潞河的精神，的确是特殊的！也许是别处比不上的！当他们对某件不平等的事愤恨的时候，也会说些很激烈攻击的话；很少数的人，也会打算有一些具体计划的表示，但是他们并不是理解与认识他所在的这个小社会呢！所以别人动动嘴唇便左右了他们的一切。更奇怪的是，大多数人，自命高明而在旁边讥笑别人，啊！自己看看吧！你不是这个社会中的人吗？你竟是这样地麻木而昏睡吗？可怜啊，可怜！

“这便是潞河革命青年的伟大精神的一斑。醒醒吧！这是我们自身的事情，莫要沉醉在和平梦中了！快啊！快啊！快动身！”

大家听听，首先贬低了我们全体同学，都是麻木昏睡的、让别人动动嘴唇便可以左右的可怜虫！那谁是觉醒的人呢？只有作者和编辑者们吗？“莫要沉醉在和平梦中了！快啊！快啊！快动身！”这是什么意思？如果说我推荐的人不学无术不图上进的话，那么，这种明显具有煽动性的言论的作者，不是别有用心引导大家误入歧途吗？哪一个更坏？

金成镐：魏司晨同学，什么叫别有用心？这段话怎么了？

魏司晨：我先不跟你争辩，大家继续看这段——

“有人说，这季的半月刊是革命的半月刊，其实仍是充满了资产阶级和帝国主义的气味，什么是言论自由，这革命的刊物，原来全然不懂。”

同学们！言论的自由是我们应有的，你为什么情愿被人主宰呢？还是起来自己做吧！努力把这假的自由言论刊物，重新改造一番。造成一块有价值、真确的绝对自由的土地！

同学们！这些人的用心何其歹毒！前边是针对所有同学的——少数人糊涂，多数人麻木；后边是针对《半月刊》的，充满资产阶级和帝国主义的气味，是虚假的言论自由！那么请问，金成镐同学，宏庆隆同学，全潞河只有你们几位清醒、睿智，全潞河只有你们的《旬刊》充满革命的味道，是真正的、绝对的自由之地吗？

（全场肃然无声，人们把目光移到金成镐身上）

金成镐：同学们，我先就魏同学的诘问解释一下。首先，投稿人怎么署名是人家的自由，刊物编辑应当尊重；其次，我觉得《潞河的精神》这篇文章，绝对没有以全体同学为敌的意思，我们《旬刊》是为大家服务的，是大家畅所欲言的地方，更不会以大家为敌；再者，对于《半月刊》的批评，正是《半月刊》编辑所写，以自我解剖，表达他们进行刊物改革的决心，绝不是《旬刊》对《半月刊》的攻击。这种贬低别人以抬高自己的小人之举不是堂堂丈夫所为，《旬刊》社所有编辑都会对这种做法感到不齿。（台下响起窃语声，很多人颔首表示赞同。金成镐话题一转）魏司晨同学，至于你说《潞河的精神》带有煽动性，引导同学们误入歧途，那么我问你，当今社会是什么样的社会，潞河学子当有什么样的精神？

魏司晨：（外强中干，强词夺理）你这是转移话题，你们号召大家“觉醒，快快动身”，就是具有煽动性！让大家不安于读书，热衷集会游行，与政府作对，随时都有性命之忧，就是引导大家走上歧途！

金成镐：那好，我再问你——五四运动不到八年，就算当时太小，后来大家也都知道；去年的“三一八”惨案，刚刚过去一年，大家记忆犹新——学生是为了什么而集会请愿的？

（台下学生纷纷说，因为爱国而请愿！）

魏司晨：他们，他们冲击政府！

金成镐：（神情激动，慷慨陈词）他们不是冲击政府，他们是信任政府，凭着一腔热血，高呼口号去政府门前请愿，希望政府能在列强面前直起腰来，不要老在外交事务上隐忍退让丧权辱国！是政府，政府视这些学生为敌人，污蔑他们为暴徒，刀枪棍棒打向徒手请愿的学生！同学们，这性命之忧是学生自找的吗？在历次爱国运动中，我潞河学子从未冷眼旁观，大家还记得前年的五卅运动吧，为了声援上海工人，我潞园学子放弃毕业大考奔走呼号，有许多同学可以为证，潞园学子的革命精神，还有蔡德辰学长的英灵为证！（台下学生感慨唏嘘，纷纷点头称是。金成镐向魏司晨）你说，学生的行为，是在走邪路吗？

魏司晨：（额头流汗，口不择言）反正，反正他们好好念书，就不会送命。（忽然气壮起来）就算都爱国，不是也各怀私心吗？就是上个月吧？在南方，国共两党彻底决裂，轰轰烈烈的北伐不是也半途而废吗？就是前几天，在北京，在座多位敬仰的民主革命先驱李大钊先生，不也是没有幸免吗？革命革命，谁革谁的命？爱国爱国，到底是谁真爱国？

金成镐：（情绪激动，有些失控，一把抓住魏司晨的前胸，目光如炬）你！

宏庆隆：（意识到不妥，赶紧上前拉住金成镐）成镐！

金成镐：（猛地意识到不妥，但没有松手）你，对于这种状况很欣赏甚至很享受吗？

魏司晨：（慌乱害怕地）谁，谁说享受了？北伐这样的结果，李大钊先生遇难，我……我也是很痛心呢！

金成镐：（热泪盈眶）同学们，我们处在怎样的时代！大好河山屡被列强瓜分，国内军阀混战，民不聊生，人人企盼有一个为国为民的政府，给国家以富强，给百姓以安康。国共合作共讨国贼本是很多人的希望，可是，可是现在，“四一二”反革命政变举世震惊，是非曲直历史自有公论，只是……让翘首盼望革命胜利的人们大失所望。但愿……无论是谁能够独撑大旗，完成国家独立、人民幸福的使命，我们都会拥护。只是，国家独立，世界大同，需要很多人甚至几代人的努力奋斗、流血牺牲，我相信，我们潞河学子，永远不会在国家危亡的关键时刻做袖手旁观的看客！

（台下群情激动，大家热烈鼓掌。魏司晨、丁超凡悄悄退后、溜走）

李万年：（神色激动）成镐同学，你说得太好了！同学们，国家富强需要更多人的努力，国运艰难，我们更要好好读书，国家需要的时候，才能拿出我们的本领，倾力而为！今天虽然没能选出下一届自治会委员，但是我们得到了更大的收获。我们的学生自治会，也一定会有真正优秀的继任者参加的！哎？成镐同学，你来担任新一届的自治会主席吧？

（台下同学赞成、鼓掌）

金成镐：（勉强笑笑）谢谢学长的信任，我还没有这个想法。潞河学子藏龙卧虎，肯定会有更合适的人选，还是静候大家的推荐吧。

李万年：好，人各有志，尊重你的想法。同学们，大家回去考虑一下新的人选，今天就散了吧。

（大家纷纷走下，灯光转暗。）

第四场：星火初燃

【片段一】5月末，一间教室内，屏幕是教室的几扇窗。

（金成镐坐在书桌前望着窗外，桌上有翻开的书。）

宏庆隆：（从外边跑上，推开门）成镐，找了你半天，你还在这里！

金成镐：哦，我再看会儿书，准备一下期末考试。有什么事吗？

宏庆隆：也说不上什么事，有点心乱。

金成镐：哦？那说说吧，说出来会好一些。

宏庆隆：（掏出一封信）家里来信了，要我暑假回去。

金成镐：家里有什么事吗？

宏庆隆：咳！要我回去……完婚。

金成镐：有佳人待嫁啊？好事啊，回吧！

宏庆隆：看你这个人，还有心思开玩笑！

金成镐：唉！整日在忧闷中，这也算有个喜事嘛，怎么心烦呢？

宏庆隆：现在什么光景，哪有喜事可言？

金成镐：是啊，匈奴未灭，何以家为？

宏庆隆：其实去年暑期，家里就催我回去完婚了，我却去了武汉大半年。我家里并不富裕，十一岁才能进学校念书，二十多岁还没念完高中。家里给我定的娃娃亲跟我同年，姑娘二十多岁不出嫁是招人笑话的，又担心我在外边读了书不认她，所以她家里一再地催，我的老奶奶也几乎以死相逼了。

金成镐：那你就先回去一下吧，把婚事办了再回来。

宏庆隆：那怎么成？我不打算成家了，就是不打算耽误了秀英姑娘。她今年二十二岁，还能找一个好人家平平静静地过日子。

如果嫁给我，只能是无尽的担惊受怕，还有不知何时才能结束的等待。这兵荒马乱的年头儿，女人自己带着孩子苦熬日月，简直生不如死！我怎么能忍心让她这样为我受苦呢？

金成镐：你见过她吗？

宏庆隆：见过一次。那年我从县城乘车去保定上初中，家人为我送行，没想到她也跟着她爹来了，因为害羞躲在她爹身后。我也没敢好好看她长什么样。等我上了车，透过车窗才敢好好看看她，她也抬起头看着车。真是一个美丽的姑娘，大大的眼睛，就像台上的王宝钏。那时候，我的心里还是很高兴的。可是这几年，耳闻目睹，经历了许多事，我的心像撕裂一样地疼。战乱、饥荒、流离失所的成群的灾民、插着草标公然被卖的孩子，却没有人想改变这一切。我们读书到底为了什么呢？我吃饱穿暖走在街上，看到这样的画面心里舒坦吗？我一度迷茫得很。再后来，我到了北京，知道有人在为改变这种状况拼命奋斗，我就想成为他们中的一员！可这样，怎么顾得了家呢？尤其现在，蒋介石也向共产党挥起了屠刀，我从武汉回来时的联系人也联系不上了，恐怕是遇难了……我像一叶孤舟，在茫茫的大海上漂荡，不知怎样走才能到达彼岸。（流下眼泪，双手捂脸）

金成镐：（站起来，双手搭在宏庆隆的肩上）庆隆！

宏庆隆：（擦擦眼泪）让你见笑了。

金成镐：不！你的话让我想起了我的母亲。她是一个伟大的女性。父亲一直为朝鲜独立而战斗，只身逃亡到中国。母亲带着我们兄妹五人提心吊胆地度日。我八岁的时候，她带着我们兄妹五人来这里投奔父亲，总算又有了一个家。可是父亲仍然到处奔走，眼看着二哥、我和祥镐又走上了父亲的路，母亲虽然担心，却从来没有阻止过。二哥离家远走以后，她曾试探地跟我说，等念完了书，娶一个朝鲜姑娘成个家，也可以帮帮她。我只当她开玩笑似的搪塞过去，其实我知道，她是认真的，只是不想勉强我。（流泪，哽咽）

宏庆隆：（站起来拍拍金成镐肩膀）成镐，金妈妈真的太了不起了！

金成镐：（以手背拭泪）我的想法和你一样，而且比你更多一层痛苦。日本人已经侵占了我的祖国，现在，又把魔爪伸进我的第二故乡，难道我们还要逃亡吗？逃到何时是个终了！所以，从上中学开始，我就立志以身许国，国家不独立，我就永远是个战士，一息尚存，决不停止战斗！我……又怎能成家呢？

宏庆隆：（握住金成镐双手，激动地）成镐，我们一起战斗！一息尚存，绝不放弃！只是，一起革命的盟友竟然反戈相向，我们的同志——在武汉，曾经到处都是这样称呼的同路人——现在，到哪里去找我们的同志呢？

金成镐：这些天，我也在考虑这个问题。（忽然，振奋地）庆隆，记得雪莱《西风颂》里说过："西风来了，春天还会远吗？"现在，西风来了，凛冽无比，我们是不是可以反向求证，革命的力量就像挡不住的春天，已经使人心惊害怕，急欲除之而后快。所以，我坚信，风再猛、再强，也会有吹落的种子，迎着风，顶着雨，顽强地发芽，等疾风暴雨过后，这些发芽的种子便会蓬勃生长，马上弥漫成一个崭新的春天！相信我，你我都是小小的种子，一定会有生根的种子把它们的触须伸向我们，引导我们找到自己发芽的土壤，迅速成长起来的！

宏庆隆：多么期盼这一天尽快到来啊！

金成镐：你放心吧，大钊先生牺牲了，但是共产主义的火种，已经在北京生根，绝不会因为风雨肆虐而化为灰烬的。

宏庆隆：对，野火烧不尽，春风吹又生！

魏司晨：（突然推门而入，边往里走边大声嚷嚷）丁超凡，丁超凡！（故作吃惊状）你们二位在啊，我在找丁超凡，这家伙放学就不见了，泥鳅一样到处乱钻！（东瞅西看，四处踅摸）

金成镐：你找错地方了吧，丁超凡从没来过我们教室！

魏司晨：咳——我今天哪儿都找遍了，没见他的影儿，才找到这里来的。（翻一下金成镐桌上的书）哟，金大才子，还看《化学》呢，期末考试还能难住你？

宏庆隆：我们小民百姓还要凭念书挣前程呢，哪像你有个开洋行的老子，要风得风要雨得雨的。

魏司晨：（看见宏庆隆桌上的信）嘿——庆隆同学，说谁靠念书挣前程我都信，就说你我不信。你说退学就退学，说复读就复读，丢了的功课也不想补，这叫靠念书挣前程？谁信啊！（快速拿起桌上的信）看看，还有闲心传情达意写情书。（迅速浏览）

宏庆隆：（抬手抢信，魏司晨一跳躲过）你凭什么看我的信？

金成镐：（从魏司晨的后面往上一抽，把信拿到手）看你整天打扮得像个体面君子，净干这种没规矩没教养的事情！

魏司晨：（涎皮赖脸地讪笑）哈哈，同学之间，开个玩笑。不想错看庆隆兄家书，多有得罪，兄弟抱歉。（转身往外走）都是丁超凡这小子惹的祸，看我找到不收拾他！（快速走下）

金成镐：（将信交给庆隆，庆隆叠好装进衣兜）庆隆，这个魏司晨是去年春天来的插班生，平日里没有多少交往，近些天他好像对我们的行动过于留心。

宏庆隆：是啊，今天的事情很让人生疑，我们以后还要多加小心。

金成镐：对……我想，我们的“社会学学习小组”，改为“春草读书会”吧，回避一下“社会主义”“共产主义”等敏感词汇，扩展为对世界名著的品读赏鉴，不是也很好吗？

宏庆隆：好啊！“春草读书会”，我们就像春草，野火烧不尽，春风吹又生！

金成镐：对，野火烧不尽，春风吹又生！

（灯光转暗。）

【片段二】6月初，地点：湖心岛上。

（金祥镐、张树棣边走边讨论一位同学的投稿。）

金祥镐：（对张树棣）学长，最近有几个同学给咱《旬刊》的稿件写得非常好。

张树棣：（很感兴趣）哦？你说说看！

金祥镐：（打开书，拿出其中夹着的一页纸）看这首长短句，署名为单字“甲”——

“家国同其消歇。料不到关河涕泪，此身犹活。吹裂万顷波涛息，忸忸怛怛哀彻，颠倒肝肠欲绝。纵把头颅孤注掷，算人生到此何须说？一缕血，千秋热。西风荆棘铜驼。遍河山落日苍茫，哀鸿凄切。荒土一抔收噩梦，销却六州残铁，休问旧时宫阙。指点啼鸟凭吊处，想孤鸿归时应呜咽。补不及，金瓯缺。”

张树棣：（欣赏、赞叹）情怀与文采俱佳的好文章！“料不到关河涕泪，此身犹活”，痛切感人，“纵把头颅孤注掷，算人生到此何须说？一缕血，千秋热”，真让人热血沸腾，只想把此身献祖国。

金祥镐：再看这段，没有署名——

“微风飘飘兮雨潇潇，鸡鸣四野声胶胶，海角天涯一堂聚首，同心同德如足如手。振臂呼，引吭歌，青年眼底无嵯峨，壮志冲云霄；热血澎湃山海涛，大踏步，齐携手，同荷艰巨不辞劳！从今矢志，光我潞河；从今矢志，卫我祖国！”

张树棣：（激动、振奋）看来，我潞河学子胸怀家国天下的大有人在啊！为潞河，为祖国，不惜献青春、抛生命，万死不辞啊！

金祥镐：（兴奋地）是啊，上个月的学生自治会选举没有成功，反倒激发了同学们的爱国热情，（低声地）再怎么恐怖也很让人振奋！

张树棣：是的，什么样的雨雪风霜，能阻挡浩然正气呢？——

天地有正气，杂然赋流形。时穷节乃见，一一垂丹青。

是气所磅礴，凛烈万古存，当其贯日月，生死安足论！

（康景新、张学渊边走边谈，神情兴奋）

康景新：（听见张树棣所言，鼓掌称赞）好一段《正气歌》节选！

张学渊：我们记住共勉吧！

金祥镐：（高兴地赞同）对，我们记住共勉，勇往直前！景新、学渊，你们到哪儿去了，这些天神神秘秘的，《旬刊》稿子也顾不上看！

康景新：祥镐，有劳你了。我们两个这几天的确很忙，没顾上《旬刊》的事。

金祥镐：你们忙什么去了，也不告诉我。

张学渊：暂时保密！

（金成镐、宏庆隆各拿书本走上）

金成镐：什么事还保密？

张学渊：就是——（张学渊欲言又止，看看康景新）

康景新：说吧，大家都到了，不用保密了。

张学渊：（故意清了清嗓子）——嗯，嗯！据可靠消息，魏司晨溺水身亡了！

成、隆、祥、棣：（都颇感震惊）什么？

宏庆隆：消息可靠吗？什么时候的事？

康景新：我们来这里之前，刚刚求证过。昨晚运河湾有二人溺水，一人生还，一人抢救无效溺亡，溺亡者便是魏司晨。警察署工人范师傅讲的，他是咱平民夜校的学员，不会说谎的。

金成镐：生还的是谁？是潞河学生吗？

张学渊：生还的叫秦寿昌，就是现驻通县守军秦副帅的公子……就是害得赵兰慧家破人亡的那个小霸王。

金祥镐：赵兰慧家破人亡了？还没听说过她的确切消息！李婶一家现在也没有回来！

康景新：当初就是这个魏司晨报告秦寿昌，说他的未婚妻赵兰慧根本不好好念书，整天和外校男生一起厮混，鼓动学生罢课还上街游行，并带着秦寿昌指认游行队伍中的赵兰慧，让不务正业的秦寿昌看到赵兰慧就想娶回家……

张学渊：那秦寿昌本来是个不服管束的无赖，不想承认家里给他订的婚事，更不想娶个读过书的老婆管着自己没有自由。可是在街上看到了赵兰慧之后，就想马上占为己有。因为兰慧逃婚，他带人抓了兰慧的爷爷，兰慧不得已回去之后，正好秦家老爷子饮酒作乐无度中风，抢救不及身亡，秦家便把所有的恶名都加在兰慧身上，什么扫帚星、败家鬼，说她是恶魔附身妨死了家祖。更恶毒的是，也给兰慧加上了“勾结赤俄，宣传赤化”的大罪名，你想兰慧和她的一家还能幸免吗？这样大的罪名殃及她二姨一家也就不足为怪了！

张树棣：那他一下子害死了多少人啊！

康景新：赵兰慧一家三代五口，她二姨一家四口，整整九口人因为他丧了命！还有，魏司晨的身份也很让人怀疑！他的老爹根本不是开洋行的，只是天津洋行里的一个小职员，按家境根本供不起魏司晨如此阔绰的少爷做派。有人说曾经看见他不止一次出入通县驻军司令部，跟秦副帅公子打得火热，二人以表兄弟相称。

张学渊：还有，最近半年来，他特别关注成镐、庆隆二位学长的行动，特别是学生自治会选举之后的一个多月，他竟然经常跟踪你们两位。我想，在这遍地罗网的时候，绝不是小孩子般的恶作剧。所以，我和庆隆断定，他的背后肯定有很深的背景。赵兰慧只是假借秦寿昌的婚事抛的一个鱼饵罢了，没想到秦寿昌把这个鱼饵一口吞了，让他没有钓到想钓的大鱼。所以，他又利用贾宝瑞、丁超凡这些头脑简单的同学，想要逼迫他怀疑的人暴露身份，最终达到他一网打尽的目的。

金成镐：那么，他们怎么去的运河湾呢？

康景新：咳，说来奇怪，简直难以置信。最近几天传闻，运河湾一带，傍晚总有两只天鹅游来游去，还有人说那天鹅是一对姐妹溺水变成的，有时天一擦黑就变回人的模样，美得像天仙一样。三人成虎，越传越广。每到傍晚还真能聚集一些人去观看，据说有人看到过两只天鹅，还没人见过美女。秦大少听说之后，倒没相信天鹅是美女变的，但是他说人都说天鹅肉好吃，打来尝尝也无妨。再加上他学枪法正学得起劲儿，非要他的“表哥”魏司晨陪他一起去。结果二人到了河边，正有一些人对着河中间一个小沙洲指指点点。沙洲上长着一人高的芦苇，什么也没有。

金祥镐：那他们下水捞去了？

张学渊：他们兴冲冲地奔过去，问人们看到天鹅没有，人们说得天暗下来天鹅才肯出来，二人便站在旁边等。等了一会儿，便有人说等不及陆续地走了，秦大少却不为所动，说人越少天鹅越可能出来。渐渐地，人越来越少，有人忽然说：快看，天鹅！魏司晨他们赶紧看过去，真有两只白色的大鹅在芦苇中穿行，却怎么也没游到水里，秦大少一着急，就一甩手放了一枪，鹅一听枪响就往芦苇里钻，人们听见枪响都跑光了。秦大少心有不甘，不能把到手的天鹅弄飞了，看到岸边有一艘勉强能用的船，就拉上魏司晨上岛去抓那两只天鹅。他们本想水也不会多深，可是快到岛上的时候，突然遇到了旋涡，一会儿就翻了船，等到人们来救的时候，魏司晨已经撒手归西了。唉！人算不如天算啊！

宏庆隆：那秦大少就甘心了吗？

康景新：范师傅说，那沙洲上真有两只大白鹅，但是周围没有养鹅的人家，那船也是没主儿的船，治谁的罪呢？况且秦大少吃了一顿惊吓，多少有所收敛。魏司晨溺水而死，他的爹娘顶多也就得到秦家一点金钱的抚慰，无权无势还敢说什么呢？

张树棣：他死得可怜，却是死有余辜。

金成镐：他死不足惜，却可惜了赵兰慧那么好的姑娘，还有她无辜的家人和亲戚。我们记下这笔血债，肯定有一天让他们一笔一笔地偿还！

金祥镐：（悲愤而急切地）三哥，现在我们就只能……什么都不做吗？

金成镐：（拍拍金祥镐的肩膀）别着急。（语气沉重地）同学们，今天借着《旬刊》编辑部的名义把大家聚集在一起，是想商量一件事情。各位知道，我们的信仰，正在经历着极为严峻的考验，如果继续坚持下去……觉得艰难的话，可以……可以止步。

张树棣：（沉稳而庄重地）成镐，我是宣过誓的：进前而勿顾后，背黑暗而向光明，为世界进文明，为人类造幸福。（宏庆隆、康景新等一起跟上）以青春之我，创建青春之家庭，青春之国家，青春之民族，青春之人类，青春之地球，青春之宇宙，资以乐其无涯之生。

（大家齐声）我们绝不止步！

金成镐：（激动地）好！我们绝不止步！另外……过几天就要放暑

假，我和庆隆商量开办一期平民夜校暑期班，上报学校批准后就开课。大家有没有暑期打算离校回家的？

（大家纷纷表示不打算离校）

宏庆隆：成镐，大家都想团结在一起，在一起就有了主心骨，在一起就感觉有力量！

金成镐：对！同学们，团结，就是力量，让我们团结起来！

张树棣：天地有正气，杂然赋流形。

金祥镐：时穷节乃见，一一垂丹青。

众人齐：是气所磅礴，凛烈万古存，当其贯日月，生死安足论！

（光线转暗。）

【片段三】1927 年 8 月中，一天下午五点，平民夜校开课前两个小时。

文氏楼地下室平民夜校暑期班教室内，屏幕只有带着一面黑板的墙壁。

金成镐：（在教室走来走去，试唱着《国际歌》）起来，饥寒交迫的奴隶；起来，全世界受苦的人……（感觉调子高了一些，放低声音又唱）起来，饥寒交迫的奴隶；起来，全世界受苦的人……

宏庆隆：（走进教室听到金成镐在唱《国际歌》，神情激动，情不自禁跟着唱了起来）满腔的热血已经沸腾，要为真理而斗争！

金成镐：（惊喜地）庆隆！你会唱《国际歌》？你怎么从来没有唱过？

宏庆隆：我在武汉工人运动讲习所天天都唱这首歌，已经刻进我的骨头里了。回来之后，没有一个场合可以让我唱出这首歌，但我在心里，每天都要把它从头到尾唱一遍。（动情地）唱着这首歌，就让我想起在武汉的日子，就让我相信，我们有那么多的同志，走在推翻旧世界的道路上，只要我们“团结起来，到明天，英特纳雄耐尔就一定要实现！”那是火热的生活，充满希望……

金成镐：庆隆，告诉你一个好消息，我们找到组织了，我们有了前进的方向！

宏庆隆：（惊喜地）真的吗？那太好了！

金成镐：这首歌，就是来找我联系的同志教我唱的。二哥走了一年多，他留下的负责同志已经半年多没有联系了，原来北京的党组织也遭到很大的破坏。我把这半年来我们几人建立学习小组、平民夜校和春草读书会的情况和影响都向组织做了说明，负责同志非常肯定我们的努力，对我们几位在革命艰难时期的立场坚守也非常赞赏。他最后说，你们几位同学都是坚定的马克思主义者，批准你们加入中国共产党，在潞河成立一个党支部，继续传播马克思主义和彻底推翻旧世界的思想。庆隆，我唱《国际歌》就是想教给大家这首歌，在入党宣誓的时候，以它作为我们的誓词。只是，当时学了几遍，还没有唱好。一会儿，你就带大家唱吧。

宏庆隆：（激动地）我早就等待着可以唱出这首歌的时候了！唱起它，我的满腔热血真的随之沸腾，我就感觉浑身充满力量。

金成镐：那你先带我唱一遍吧。

宏庆隆：好。（带头唱起来）起来，饥寒交迫的奴隶，起来，全世界受苦的人……

（伴奏乐起，张树棣、康景新、张学渊、金祥镐陆续走进教室，被他们的歌声感染，神情激动地肃然静立）

成、隆：（继续歌唱）满腔的热血已经沸腾，要为真理而斗争！旧世界打个落花流水，奴隶们起来，起来！不要说我们一无所有，我们要做天下的主人。这是最后的斗争，团结起来到明天，英特纳雄耐尔，就一定要实现。这是最后的斗争，团结起来，到明天——英特纳雄耐尔，就一定要实现！

新、渊等：（激动地）这是什么歌？太好了！

宏庆隆：这首歌叫《国际歌》，是巴黎公社的领导人创作的歌曲，也成了全世界无产者战斗的歌曲。“英特纳雄耐尔”就是法语的“共产主义”。俄国苏维埃政府把这首歌作为国歌，中国共产党第三次全国代表大会闭幕的时候，也演奏了这首歌。

金成镐：它英勇豪迈的歌词、悲壮激昂的旋律，正是此刻我们内心情感的生动表达。

张树棣：是啊，我感觉周身的热血都在沸腾！

祥、渊、新：我也是！

宏庆隆：成镐，大家信仰坚定，决心一致。你就告诉大家我们怎么办吧！

金成镐：（激动、庄严地）好！同学们，历史和现实告诉我们，只有走俄国人的道路，才能打倒帝国主义和封建主义，使半殖民地半封建的旧中国变为没有剥削和压迫的新中国。而这条路，只有中国共产党，才能带领人民走下去。从 4 月 12 日到 7 月 15 日，国民党全面退出两党合作，并大肆屠杀共产党员，给我党造成空前的损失。正因为如此，我党认识到武装起来的重要性，就在前几天，8 月 1 日，中国共产党在南昌发动了武装起义，开始组建自己的军队，从此走向武装革命夺取中国政权的道路！

隆、棣众人：（精神振奋）太好了！武装革命，夺取政权！

康景新：终于可以扬眉吐气了！这些天，简直憋屈死了！

金成镐：同学们，武装革命是共产党在血的教训中找到的道路，也是一条从无到有的艰难的探索之路，它可能真需要我们不惜青春乃至生命一代代地坚持下去……

张树棣：成镐，我们几个人都已经做好一切的准备。

张学渊：是啊，学长！我们只需知道应该怎样做，你就直接说吧！

金成镐：（激动地）好，同学们……同志们！（从装满讲义的包里拿出一个纸包，轻轻地打开，拿起里边的物品展开在大家面前，一面鲜红的镰刀、锤头党旗）这是中国共产党的旗帜！镰刀、锤头的交叉，标志着工农的联合，中国共产党，是代表工农大众，谋求幸福独立的政党！

（大家纷纷上前，抚摸旗帜，撑开四角）

宏庆隆：中国共产党党旗！我们把它挂起来，挂在黑板上！

（康景新、张学渊等把党旗贴到黑板上，金成镐又从衣兜里掏出小纸包，拿出几个图钉，大家把党旗端端正正挂在了黑板上，庄严肃立）

金成镐：（庄重、沉稳地）同学们，你们在险峻的环境下，信仰坚定，不畏牺牲，已经通过党组织的考验，中共北京市委领导机构，已经批准了大家的入党申请！今天，我代表中国共产党北京地区组织机构，正式吸纳你们，加入中国共产党。我们一起宣誓！（带头面向党旗，举起右手。大家纷纷举起右手）

（《国际歌》音乐响起）

六人合：我志愿加入中国共产党，服从组织纪律，严守党的秘密，跟着党，推翻帝国主义、封建主义、官僚资本主义三座大山，为实现社会主义、共产主义奋斗终身！宣誓人：金成镐、宏庆隆、张树棣、康景新、张学渊、金祥镐。

金成镐：同志们！（大家激动地互称“同志”，六双手紧紧握在一起）

宏庆隆：从今以后，我们是生死相依的战友！

金成镐：大钊先生说，中华民族现在所逢的史路，是一段崎岖险阻的道路。但是，目前的艰难境界，哪能阻抑我们民族生命的前进？我们应该拿出雄健的精神，高唱着进行的曲调，在这悲壮歌声中，走过这崎岖险阻的道路。我们坚信，将来的寰球，必是赤旗的世界！

（音乐结束，光线转暗。）

【片段四】大屏幕——打出第一党支部成员的照片，介绍他们的生平，男女二位主持人（潞河学生志愿者）上场解说（大屏幕字幕打出解说内容）。

女：1927 年那个炎热的夏天，通州第一个党支部，在潞河中学文氏楼地下的平民夜校教室里成立。后来，支部工作由潞河中学扩展到通州男师、女师、铁路东站和附近农村，并发展了潞河中学教工张文奎、女师的马国英、男师的王继瑞、农民李福祥等十多人加入了中国共产党。1928 年 2 月，经中共北京市委批准，建立了中共通州潞河中学中心支部，支部书记仍然由金成镐担任。金成镐工作转入北京之后，潞河中学中心支部书记由康景新继任。

男：正是这星星之火，引来革命胜利的燎原之势。正如鲁迅先生在《白莽作〈孩儿塔〉序》中所说："这是东方的微光，是林中的响箭，是冬末的萌芽，是进军的第一步，是对于前驱者的爱的大纛，也是对于摧残者的憎的丰碑。"

（大屏幕照片）

女：通州第一党支部的热血青年，都用青春的热血和生命，践行了他们最初的誓言——

男：金成镐，1928 年，被同学们广泛盛誉的才子金成镐放弃高考，走上职业革命者的道路。在 1935 年全家人都回到朝鲜之后，他化名周文彬，独自留在中国，为中国人民的解放事业忘我斗争。1936 年调任唐山市委书记。1938 年领导开滦煤矿罢工运动，任中共冀东地委书记。1943 年担任冀热边区特委组织部长。1944 年 10 月，边区特委在丰润召开会议，突遭敌人包围，周文彬为掩护同志们突围，壮烈牺牲，在抗日战争胜利的曙光照耀全中国的前夕，以三十六岁的英年血沃冀东大地。

女：宏庆隆，化名冯文堂、张子华。1928 年高中毕业后，考入辅仁大学。1929 年 12 月，中共顺直省委派他到唐山任中共市委常委，负责工人运动。先后两次被捕，被关押在天津第三监狱。1931 年出狱后，受党委派到石家庄中共直中特委，任宣传委员，负责工人运动。1932 年到 1933 年，先后领导河北南部多县的农民联合暴动。1933 年 3 月，由于叛徒出卖，中共直中特委遭到严重破坏，宏庆隆被捕后壮烈牺牲，时年二十八岁。

男：张树棣，1928 年潞河中学毕业后，考入辅仁大学。1930 年，从事学生运动和工人运动工作。1931 年到日本铁路学校学习。1933 年到苏联伯力学习。回国后被派到哈尔滨，在日寇占领区做地下工作。1937 年，日寇大规模破坏东北地下党组织，他被捕牺牲，以三十岁的青春热血，书写了他对祖国母亲的满腔赤诚。

女：康景新，同学们称他为“燕赵感慨悲歌之士”。入党以后，他长期在白区从事地下工作，1930—1931 年任北京市互济会党团书记，1932 年在北京特委负责联络工作。1938 年到延安，任抗大东干队支部委员。后来历任晋察冀军区敌工部副部长、晋察冀军区军政部长、华北军区联络部长、华北军区后勤卫生部政治委员等职。1953 年 6 月在北京病故。他虽然看到了新中国的曙光，但是长期地下活动的忧劳严重损害了他的身体，中华人民共和国成立之初，便过早离世。

男：张学渊，改名张珍，1928 年潞河中学高中毕业考入燕京大学，后转入辅仁大学。1929—1937 年 5 月做党的地下工作、研制炸药、出版《科学生活》杂志。1937 年 5 月到冀中根据地投身抗战。曾在晋察冀军区工业部负责军工生产，还曾帮助在冀东从事抗战工作的周文彬建立兵工厂。解放后曾担任重工业部化工局局长、兵器工业部部长、中华人民共和国全国人民代表大会副委员长，2004 年仙逝。他是通州第一党支部成员唯一一位看到了新中国成立和改革开放巨大成就的人。

女：金祥镐，也是一个坚定的共产主义战士，在哥哥的影响下，小小年纪加入中国共产党，给当时刚刚诞生的通州第一支部增添一份重要的力量。1935 年，他带着妹妹回朝鲜与父母团聚。

男：岁月匆匆，弹指百年。回顾历史，感慨万千。金成镐、宏庆隆这些闪光的名字，将永远留在潞河、通州，乃至全中国后代子孙的心中。

女：习近平主席说："青年最富有朝气、最富有梦想，青年兴则国家兴，青年强则国家强。青年一代有理想、有担当，国家就有前途，民族就有希望。中国梦是我们的，更是青年一代的。中华民族伟大复兴终将在广大青年的接力奋斗中变为现实。"

男、女合：有前辈英雄的指引，后代潞河学子一定会追寻前辈的足迹，奋勉前行！

（光线转暗，第三幕结束。）

第四幕：永唱这支歌

第一场：深情缅怀

时间：接第一幕第二场时间，暮色渐起

地点：潞园湖心岛

人物：徐老师、张超越、李增华、韩凝芳

大屏幕背景：与第一幕第二场相同

幕启——

湖心岛上，徐老师等人望着屏幕默默肃立，韩凝芳把头伏在李增华肩上。

张超越：（快步走上）徐老师，我的解说结束了！

（徐老师等三人突然惊醒一般，拭泪、转身、抬头）

徐老师：（笑一笑）超越，真是太好了！你把我带进了热血沸腾的场面，一时没有转过神来。

华、芳：是啊，是啊，我们都被带进去了！

张超越：是先烈们的英雄事迹太感人了，我的展示恐怕不能体现他们的英勇卓绝之万一呢！

徐老师：这样的展示真比单一的解说生动有力！难为你这用心的创意，就这样准备吧，我全力支持！

张超越：谢谢老师！

韩凝芳：我志愿参演其中的角色！增华，你也参加吧！

李增华：好，我也愿意参演！学长的展示让我理解了外曾祖父的坚守，也更理解了妈妈的愿望，更坚定了我唱这首歌的决心！

张超越：增华，你接着讲讲周文彬前辈后来的故事吧，我很想多了解一下英雄的事迹。

徐老师：增华，你讲讲吧。不忘历史，就是为了更好地传承。你的长辈们，做了很好的沟通历史和现在的桥梁，加深了我们对使命的理解，让我们更懂得传承的意义。

李增华：好，老师，我接着讲一讲。1944 年，我的外曾祖父，哦——林同泽同志，在周文彬前辈的关怀和帮助下，从身体到文化到才干都得到茁壮的成长。二十岁的他已经成为冀东抗日队伍里的一名排长。那年 10 月中旬，他在唐山马家沟一带执行任务，却突然传来周文彬在丰润杨家铺牺牲的消息，巨大的噩耗几乎让他痛不欲生。一直和他保持联系的老杨大叔忍着悲愤对他说：“你哭死有什么用？哭死了又少一个抗日战士，想给周部长报仇，就多杀几个小鬼子！”从此，林同泽把对周文彬的怀念和痛悼都化作杀敌的力量，直到抗战胜利，他成为杀敌的英雄，也在作战中失去了一条腿。

于是，他离开部队，转到地方工作。

张超越：还在冀东工作吗？冀东烈士陵园有周文彬烈士的铜像。

李增华：是的。林同泽一直在唐山工作。每年清明节和周文彬牺牲的日子，他都要到周文彬牺牲的马头山下祭奠英烈。1950年，他的儿子，就是我的外祖父出生，取名林建国；1977年，他的孙女，就是我妈妈出生，他取名林红旗。80年代初，他把还上幼儿园的小孙女留在身边，让刚刚医学院毕业的儿子儿媳双双去了边防部队。他说，改革开放，经济建设，祖国的大门更要守好！从那时候起，他去祭奠烈士都要带上小孙女，把周文彬救了他的命并把他引上革命道路的事迹讲给孙女听。所以，我妈妈对周文彬在冀东的故事都能如数家珍一般。

张超越：周花子的绰号？枣红马和炒鸡蛋的故事吗？

韩凝芳：什么？枣红马炒鸡蛋？怎么回事，快讲讲嘛！

徐老师：超越，既然你知道，就讲给大家听听，让增华休息一下。

张超越：好。这是几个关于周文彬的趣事。因为当时冀东地区抗日条件十分艰苦，部队的一般装备都不够，周文彬常常把发给他的新衣服送给更需要的战士，自己穿着补了又补还露着棉花的破棉袄，穿得像个叫花子。有一次去机关开会，警卫人员都不让他进门，于是就有了“周花子”的绰号。

韩凝芳：是这样啊！一个高级干部，又很年轻，新衣服不穿，穿得像个花子，真是朴素得可以，也不在乎形象啊！

李增华：周文彬的心中，除了把日本鬼子赶出中国去，就没有其他意念。尽管他高大帅气，当今时代一定是男神！

韩凝芳：（由衷地）真的啊！太了不起了，那样忘我，那么纯粹——你接着说，枣红马炒鸡蛋是怎么回事？

张超越：枣红马、炒鸡蛋是两码事。枣红马是上级分配给周文彬的坐骑，他自己却几乎没有骑过，不是给小战士就是给女同志或者生病的同志骑；没人骑的时候，枣红马就成了给战士们驮杂物的载重车了，周文彬一直跟同志们一起步行。炒鸡蛋是警卫员千方百计要给由于过度劳累日渐消瘦的周文彬改善一下生活，怕他不吃，就把炒的六个鸡蛋埋在金黄的小米饭里，原以为周文彬习惯边吃东西边看文件，不会发现他们的小伎俩，没想到周文彬还是把碗底的鸡蛋分了四份，两个警卫员和房东的孩子都有一份儿。他的故事还有很多，再说又冲淡主题了。

徐老师：没有冲淡主题。我明白了，周文彬的优秀品质高尚人格深深地感染了林同泽同志，所以他不仅自己永志不忘，还让自己的子孙后代都要记住他。

李增华：老师说得对！我妈妈说她从小跟着爷爷奶奶，听爷爷讲革命故事，对革命烈士由衷地敬仰。直到她上高一那年的“五一”节，她和小伙伴相约去登盘山，爬到顶峰之后，妈妈提议从南路下山去参观烈士陵园。一个同学说：“这么大的景区我们刚看了三分之一，还有那么多美景没看，看什么陵园？历史书上不是都有嘛！”其他几位同学也附和说没有时间。其中一个同学还对妈妈说：“红旗，不是我说你，自由开放的时代，人人追求个性和自我，历史、传统里除了禁锢，有自我吗？再说，除了学校组织活动，谁去参观烈士陵园?”还有一个说：“红旗，我们都知道爷爷是老英雄，从心里崇敬他。可是，我们更注重现实，追求未来的美好与快乐，不想总带着过去的沉重。你看一路的寺庙佛堂，香烟袅袅；你往下看，陵园的苍松翠柏，是不是太过肃穆?”另一个说：“红旗，你的名字里就住着很多英灵呢，今天就随我们一起享受享受人间烟火吧。”说完，她们嘻嘻哈哈拽着妈妈从另一条路下山了。

张超越：你妈妈听了是不是很难过？

徐老师：是啊，对一个小姑娘而言，精神的孤独确实难以忍受。

韩凝芳：那……妈妈怎么说？后来呢？

李增华：妈妈没说什么，那都是她最好的朋友。她突然意识到她和这些好朋友的疏离，突然觉得心中有一种说不出的难过。回到家里，她对爷爷说："爷爷，以后您去陵园不要带着我了，我也不想活在过去，不想带着历史的沉重活在当下！"

张超越：那爷爷怎么说？

李增华：爷爷很震惊，近几年找他做报告的单位越来越少。他不是怕寂寞，嫌冷落，他所讲的是周文彬那样的英雄而不是炫耀自己的功劳，他担心人们忘记了英雄模糊了历史就会迷失追求的方向。所以，他离休之后，除了按时到陵园祭奠之外，就是默默地写自己的回忆录。那天，听了孙女的话之后，很少发火的他气得声音都发着抖："你说什么？你还知道历史的沉重啊？不要历史要自由就像高飞的风筝挣断了线！别人怎么说我管不了，我的孩子就是不能忘了本！"

徐老师：爷爷说得对，历史是一个国家发展的根基，牢记历史才能懂得使命。但是，拥有家国情怀的人才有使命感，才会对历史深怀敬意。

韩凝芳：那后来呢？

李增华：后来，爷爷去陵园没有再叫妈妈同去。妈妈更加发奋地学习，高考结束，她以全校第一的优异成绩报考了中国科技大学地球和空间科学学院，老师和同学都很吃惊。当时，除了北大、清华一类名校之外，高分学生一般报考国际贸易、经济金融或工商管理类大家都认为就业前景好并且收入高的专业，而妈妈却报考离家远、名气不算大的学校，还选择对女孩子尤其不大适合的专业。别人问起，妈妈只是笑笑说："喜欢新奇。"回家她对爷爷说："爷爷，宇宙空间是任何一个国家都想探索的难题，咱们国家也不例外，我就学着做一个探索者吧。”爷爷高兴得流下了眼泪。

韩凝芳：怪不得你妈妈总是那么忙，难得看见她在家里。

张超越：你妈妈可真了不起！

徐老师：是啊，女中豪杰！

李增华：妈妈在研究所真的很忙。但是这个清明节，她破例带我一起回老家祭奠外曾祖父。告慰了老人以后，妈妈特地带我去冀东烈士陵园周文彬烈士的铜像前祭拜，并告诉我过去爷爷带她来这里的情形。小时候，爷爷只是告诉她这位烈士是他的救命恩人，是把生命都献给了中国解放事业的外国友人，我们一辈子都不能忘了他。直到妈妈去外地上大学之前，爷爷最后一次领她到这里来，才说道：“红旗啊，爷爷不只是让你记住周文彬这个人，还是想让你明白一个道理。那周文彬，一表好人才啊，个子高、模样好，能说会写有学问，要是用心自己过日子，干什么都不会差。可是他竟然连家都不要，一心打鬼子救百姓，不想自己只想别人过上好日子，那是为什么呀？”

张超越：（情不自禁地）因为他是共产党员！是共产党把这些优秀人才聚集到一起，不分国籍不分阶级、地位，只为让人民能够当家作主，有尊严地活着，有受教育的权利！

徐老师：说得好！这正是共产党人的初心啊！

李增华：正像刚才学长说的，爷爷对我妈妈说：“共产党真不简单呢！如果不是方向正确、前景美好，那么多优秀的人才怎么能聚集在她的大旗之下，不怕上刀山下火海拼出一个新中国来呢？走没人走过的路，搁浅、触礁、绕弯子，也是免不了的！治理好这么大一个国家，哪儿那么容易啊！爷爷相信共产党，只要当初为国为民的目标不变，她一定能建设好这个国家！”妈妈对爷爷说：“您放心吧，我也相信共产党！”

徐老师：爷爷真是妈妈的引路人！增华妈妈也很了不起，年纪轻轻，就有了坚定的信念！

李增华：妈妈告诉我，后来她曾经迷茫过，尤其读了博士和我刚刚出生之后，她面临着各种选择，也曾想过一种安逸的日子。那时候外曾祖父还健在，又亲自给我取了名字叫“增华”。

张超越：“增华”有什么特殊意义吗？

李增华：妈妈告诉我，它来自萧统《文选序》：“盖踵其事而增华，变其本而加厉。”“踵事增华”的意思就是“继续前人的事业，并使更加完善美好”。

徐老师：这是一种默默的鞭策啊！

韩凝芳：林同泽同志真是用心良苦啊！

李增华：是的。妈妈说，爷爷对她的教导就像种子一样，早已深埋在她的心里，渐渐地生了根，慢慢地发芽、成长，直到她内聚的能量足够充沛的时候，才绽开花朵结出果实。她终于明白，爷爷和前辈们的奋斗赢来了我们的今天，我们是站在前辈的肩膀上享受着今天，如果人人只图享受安逸，那么前辈浴血奋战的成果只是得到消耗而没有新的创造的补充，结果不是还会变得落后回到从前吗？“踵其事而增华”点醒了妈妈，她坚定了自己的方向，留在国内研究所，还把已经在国外工作的我爸爸叫了回来。

张超越：林同泽老前辈太了不起了！就像《觉醒年代》里陈独秀先生对自己的两个儿子的期盼，为了让陈延年和陈乔年从信仰无政府主义转到共产主义，也是用心良苦！只是，当时惨痛的现状和无政府主义探索的失败让两个年轻人很快有所领悟，坚定了共产主义信念，直至献出年轻的生命。

徐老师：是啊，在当代，安逸浮躁的生活要么消磨了很多年轻人奋斗的锐气，要么只助长对个人名利无休止的追求，讲家国情怀、无私奉献仿佛只是上个世纪的事情。所以，增华妈妈的心路历程很容易理解。只有自己内心的驱动力，才能保障对信念的坚守。当代人都应该看看《觉醒年代》这部电视剧，它以生动感人的故事，形象地表现了共产党人的初心。让每一个人都知道，我们今天的生活多么来之不易！

韩凝芳：哦，我一定要看！

李增华：我妈妈也看了《觉醒年代》，嘱咐我爸爸带我看完。然后在清明节，她又带我们一家给外曾祖父扫墓，去陵园祭奠周文彬，告慰外曾祖父，他终生奋斗的事业后继有人了！

张超越：那你是怎么想的？

李增华：看了《觉醒年代》，我已经感到由衷的震撼；在外曾祖父的墓前，听到妈妈对爷爷的诉说；特别是在烈士陵园看到周文彬的雕像，我的心情更是激动万分！因为，共产党人的初心，和我的亲人，和我的学长前辈紧紧地连在一起，从来没像现在离我这样近！我不知道怎样才能表达我对党的热爱，不知怎样表现我要继承这项伟大事业的行动，于是，我就选择参加好声音比赛，先把它唱出来！

韩凝芳：哦，终于明白了！是你向妈妈学的这首歌吗？

李增华：是的，也是妈妈推荐的这首歌！

韩凝芳：好！我一定好好为你伴奏，还要帮你把这首歌唱得好听，让所有人都爱听！

李增华：好，太谢谢你了！

徐、越：好，决赛的时候，我们都去给你助唱，助威！

李增华：谢谢老师，谢谢学长！

（光线转暗，第一场结束。）

第二场：永唱这支歌

时间：2021 年 7 月 1 日　下午

地点：潞河中学解放楼（文氏楼）礼堂

大屏幕背景：解放楼礼堂舞台，电子屏字幕：我心中的歌——纪念中国共产党建党一百周年

道具：一架钢琴

人物：徐老师、张超越、韩凝芳，学生若干坐在台下

报幕员：（上台）谢谢陈默同学的演唱。下一首歌有请李增华同学，她演唱的歌曲是：《妈妈教我一支歌》！

李增华：我要把这首歌，献给通州第一党支部的潞河前辈英烈，以及所有为中华民族的解放、国家富强而奋斗的共产主义战士——

（韩凝芳认真弹起钢琴，伴奏乐起，李增华开始演唱）

妈妈教我一支歌，没有共产党就没有新中国。

这支歌从妈妈心头飞出，这支歌伴随她走遍祖国山河。

啊，这支歌伴随她走遍祖国山河。

（徐老师起身，张超越指挥大家站起，随音乐一起歌唱）

我唱妈妈教的歌，没有共产党就没有新中国。

这支歌从我的心上飞起，这支歌鼓舞我建设新生活。

（李增华独唱）

我教儿女一支歌，没有共产党就没有新中国。

这支歌飞进幼小心田，这支歌世世代代永不落。

（齐唱）这支歌世世代代永不落，这支歌世世代代永不落。

（光线转暗，全剧终。）

第三编　使命担当

坚守初心，无愧时代

徐　华

“没有共产党就没有新中国，……”歌声伴着悠扬的手风琴，在早春的料峭里回荡，为静谧的校园平添一份活力迸射的激昂。刚刚走出文昭楼（高三教学楼），我被歌声吸引，沿着文彬路循声向前。很快，便看到人民楼前的草地上，环绕着周文彬烈士的雕像，一群身着蓝色校服的学生正在老师带领下召开主题班会——这是建党一百周年学校进行的系列纪念活动之一。

“同学们，共产党人的初心，就是为国家谋独立，为人民谋幸福。周文彬和通州第一党支部的同学们，在中国革命的艰难时刻，以青春年华和个人前程投身于艰苦卓绝的革命斗争之中。只有中国共产党人，才有为国家为人民的无私情怀……”年轻班主任的声音清晰地传来，孩子们侧耳倾听的模样，在朝阳映照下焕发着青春独有的神采。

我悄悄走过，思绪却被牵引起来。忙忙碌碌中，成为教师，再到校长，已近三十六年的光阴；党旗下宣誓，成为一名光荣的共产党员，却已是三十六年有余。今天，在纪念中国共产党成立一百周年之际，作为有着光荣革命传统的百年学校潞河中学的校长兼党总支书记，回首来时路，感慨万千。有幸生在新中国，长在红旗下，没有周文彬学长们的艰苦卓绝、浴血奋战，哪有今天的幸福生活。但是，创业容易守业难，作为新时期的党员，新时代的校长兼党总支书记，一肩双责，在中华民族实现伟大复兴的征途上，应该发挥怎样的作用，应该有怎样的担当？

习总书记在党的十九大报告明确指出：“中国特色社会主义进入新时代，我国社会主要矛盾已经转化为人民日益增长的美好生活需要和不平衡不充分的发展之间的矛盾。”这是以习近平同志为核心的党中央牢牢把握我国社会发展的阶段性特征，准确定位我国新的历史发展方位，对我国社会主要矛盾的新变化而做出的科学判断。作为教育战线的共产党员，初心就是要不断满足“人民日益增长的美好生活需要”，办好人民满意的教育——让孩子健康成长，让家长放心满意，让国家事业后继有人。

1985 年初春，二十一岁的我庄严宣誓，成为一名光荣的中国共产党党员。三十六年，弹指一挥间。多年来，那激动人心的场面历历在目，入党誓词言犹在耳。因此，坚持共产主义信念，拥护中国共产党的领导，忠诚党的教育事业，无论在教学还是在行政岗位上，我都以学高为师、德高为范的崇高标准要求自己，努力做到不愧为人师，无愧于人民。2008 年任潞河中学校长、党总支书记之后，更感到使命崇高和责任重大——要为国家培养优秀的人才，为学生的终身发展奠定基础。为此，我紧密团结学校党总支成员，发挥党员干部的领导和表率作用，带领全校教职工继承和发扬潞河中学优秀的教育传统，努力构建促进学生全面发展、个性成长的教育体系，不断推进潞河教育事业的科学发展，使学校办学质量不断提升，各项工作不断取得新的成绩。

首先，基于校长引领学校持续改进与发展的使命价值诉求，审时度势，抓住机遇，为学校的持续发展确定明确的方向与目标。2010 年，我带领学校领导班子成员，征求各层次教师意见，主持制定了《潞河中学 2011—2020 发展规划》，形成了未来学校发展的纲领性文件，提出了“六大课题”“八项任务”，以课题引领学校各方面的建设，为学生的健康成长提供优质服务，为教师的专业发展提供舞台，为学校未来的发展绘出蓝图，规划的目标已经成为全校师生发展的共同愿景，以此引领学校教育事业的可持续发展。

其次，以教育家型校长的理想信念与使命担当作为追求的目标，营造适宜学生全面而有个性成长的教育生态环境，激励教师在实现职业价值过程中专业素养和专业能力的不断提升，引领学校教育事业的可持续发展。为此，我带领学校领导班子及全体教师构建了包括国家课程、校本选修课程、学生科技社团、研究性学习、综合社会实践活动和拔尖创新人才培养工程在内的六大学校教育课程体系和“激发志趣、培养习惯、学会知识、掌握方法、训练思维、增加体验、提高能力”七大教育模式。开设了学生成长指导、语言与文学、人文与社会、科学、技术等八大类别五十余门校本选修课；通过科技节、中外文化交流、专题讲座、研究性学习等一系列活动开展拔尖创新人才培养实验；又与清华大学、中国科学院等高校和科研院所建立了“翱翔计划”协作体，为学生创造了在科学家身边成长的“翱翔平台”，使一批批追求卓越、个性鲜明、健康发展的学生从潞河校园走出，潞河中学也成为展示通州教育的一张亮丽的名片。

同时，作为党总支书记，作为党的政策方针的传达者和党的形象的体现者，我始终保持和党中央的高度一致，坚持把讲政治作为第一要求，牢固树立“四个意识”，坚定“四个自信”，做到“两个维护”，确保在思想上、行动上同党中央保持一致。为此，我带领学校领导班子成员，坚持每周一次行政干部集中学习，坚持党员“三会一课制度”和党总支“三重一大制度”。在学校管理过程中，我带头遵守学校的各项规章制度，同时保证其在学校各领域的充分落实，有效保证并提升了党总支的战斗堡垒作用，使学校的各方面工作得到蓬勃开展。为做好学校干部教师的梯次培养，在假期研讨会、班主任工作研讨会和行政例会的基础上，重点在可持续发展教育研究、学习型团队建设、基于学生成长的学校自我诊断、智慧校园建设等方面构建行动研究团队。近年来，我带领相关团队修改《潞河中学章程》，研制《潞河中学现代学校建设方案》，指导制订《潞河中学教育质量提升计划》和《潞河中学内控制度汇编》，在全校教职工大会上主做了《乘综合改革之风　促潞河教育发展》《这里距现代学校有多远》《潞河教育——百年学校的使命与担当》等多场主题报告。

2019 年，有关中国教育改革的重大文件先后出台。我和学校领导班子成员一起就中共中央和国务院《关于深化教育教学改革全面提高义务教育质量的意见》、国务院办公厅《关于新时代推进普通高中育人方式改革的指导意见》、教育部等多部门《关于加强和改进新时代师德师风建设的意见》以及中共中央办公厅和国务院办公厅《关于深化新时代学校思想政治理论课改革创新的若干意见》等若干文件开展多次集中学习和研讨，提高对文件内涵和具体要求的精准理解和把握，并于 2019 年学校暑期研讨会上做了《立德树人——我们的责任和使命》的主题报告。

2020 年，突如其来的新冠肺炎疫情，是新中国成立以来发生的传播最快、感染范围最广、防控难度最大的一次重大突发公共卫生事件，这不仅考验着国家的治理体系和治理能力，也考验着每一个中华儿女的责任和担当。在这场严峻斗争中，我和学校领导班子成员一起，按照市、区两级教育主管部门的指示和要求，配合学校的疫情防控工作，经历了寒假延期、停课不停学的学生居家自主学习的指导工作、网上学科教学推进工作以及学生复学上课和后面的复归网课等一系列挑战传统学校教育教学管理的非常阶段。作为校长兼党总支书记，在这场严峻的斗争中保持学校教育的定力，制定特殊时期学校的管理方略，充分发挥立德树人的学校教育功能，实现促进学生全面而又个性成长，是我的使命和担当。为此，我带领班子成员就人员、物资、师生网上教育教学效果、学校行政管理与部门联动等情况进行冷静盘点和理性规划；就学校教师和学生的状态、学校管理系统、教育教学的实际情况进行系统调整和秩序重建。以此保障了学校各年级教育教学工作的稳步推进，特别是2020年北京市高考和中考工作的顺利进行。在这期间，我按照市、区两级教育主管部门要求，分别做了《特殊的寒假　成长的历练》——通州区特级校长讲座和《物理学习并不难》——北京市特级校长“双特战役”电视演讲。

2020年，还是北京新一轮高中课改后的第一次高考，也是中考改革的收官之年。我组织全校教师特别是初三、高三毕业年级教师深入学习北京市教育委员会关于实施教育部《普通高中课程方案》（2017年版）的课程安排指导意见、北京市教育委员会关于进一步推进高中阶段学校考试招生制度改革的实施意见，分学科、分年级开展主题研讨和行动研究，结合学校课改需求，为全校教师做了题为《高中多样化发展过程中对教育质量的思考与实践》《学校教育与学生成长》的主题报告。同时，带领全体教职员工团结一心抗击新冠肺炎疫情，举全校之力推进教育教学工作。就在这一年，我们取得了中高考的可喜成绩，双双获得通州区中高考先进单位荣誉称号。

多年来，一系列行之有效的措施和行动，使潞河的教师专业发展在长度上有终身学习的持久动力，在广度上有与时俱进的宽广视野，在深度上有科学与人文的深厚底蕴，在学校民主管理上形成最大公约数，画出最大同心圆，从而实现学校人力资源的最优化，为潞河教育持续发展提供了有力的支撑。

我与全体潞河人的努力，使潞河教育事业获得长足发展。2010年以来，潞河中学先后获得全国学校艺术教育先进单位，首都文明单位标兵、首都劳动奖状，北京市中小学科技教育示范学校，北京市学生金帆艺术团、金帆书画院、翱翔计划基地学校、金鹏天文团学校，奥林匹克教育学校体育后备人才培养基地优秀学校，北京市高中学校特色建设项目学校、基础教育课程教材改革试验项目学校、北京市中小学教师教育基地学校、京城百所特色校——引领京城教育品牌中学、北京市普通高中新课程新教材实施示范校、第二届“全国文明校园”和第十五届“北京市思想政治工作优秀单位”等荣誉称号。

再次，为学生终身发展奠基的教育实践，也促进了我个人的专业发展和全面素质的提高。2014—2015 年，我在《北京教育》杂志连续发表《潞河人格教育在传承中不断发展》等四篇论文；2017 年在《现代教育报》和《教育家》杂志上发表了署名文章。2014 年主编了《为了学生发展的课程变革——北京市潞河中学自主课程建设的创新探索》一书，2018 年出版教育理论和实践专著《为学生的终身发展奠基——潞河中学人格教育的行与思》。近几年来，还主持了北京市教育科学“十二五”规划课题《潞河中学开展初中多学科融合的行动研究》的研究工作和《潞河中学高中自主课程实验》结题工作，以及《北京城市副中心背景下基础教育国际化人才培养课程建构与教学策略的研究》《深度学习理论框架下的 stem + 课程校本化行动研究》和《通州区英才学校初中领域课程规划开发与实施》的研究工作。2017 年，举办了《潞河教育的使命与担当——为学生的终身发展奠基》的教育部首期名校长领航班徐华校长教育实践研讨会并做主题报告。

2011 年，我入选北京市中小学名校长工作室研究员；2012 年被授予通州区优秀科技带头人和优秀教育工作者称号；2013 年获得中国可持续发展教育开拓奖并被授予中国可持续发展教育教育管理专家称号，被通州区委授予领航发展先锋称号，被北京市教委授予北京奥林匹克教育学校体育后备人才培养基地优秀校长称号；2014 年 6 月被聘任为全国民族教育专家委员会委员，获得通州区优秀校长称号；2015 年荣获第二届通州科技创新杰出人才奖，入选教育部“校长国培计划”——首批中小学名校长领航班项目；2016 年，荣获第三届通州杰出人才奖，被授予通州区名校长，同时被聘为北京市第十届督学，成立教育部名校长领航班徐华校长工作室；2017 年，我被北京师范大学校长培训学院聘为兼职教授，被亚太可持续发展教育专家委员会主席聘请为专家顾问，同年 11 月，又被聘请担任“北京市促进通州区教师素质提升支持计划”名校长工作室主持人，入选北京市第二期名校长发展工程；2018 年 5 月，被聘请担任教育部第二期中小学名校长领航班广东省中小学校长培训中心基地实践导师；2019 年，入选第二届教育部民族教育专家委员会委员，被聘为北京市第十一届督学，继续承担通州区名校长发展工程第一工作室牵头人工作和通武廊教育协作体轮值主席工作，同时兼任北京教育学会副会长和中国少数民族教育学会内地新疆班专业委员会理事长职务；2020 年，承担国家教育行政学院、清华大学继续教育学院和北京师范大学校长学院的省市优秀教师、校长培训讲学工作并担任四川省 2020 年新时代卓越校长班实践导师，还承担了北京市教委“新时代内地民族班民族团结进步教育有效途径实践探索”课题研究工作。

我深知，无论我个人还是学校事业的发展，都有赖于党和国家对我的培养，有赖于各级领导的帮助与支持，还有学校党总支成员的密切合作和全校教职工的共同努力。为此，我在做好本职工作之外，努力以自己的教育实践回报党和国家，回报社会。近年来，我多次参加国家教育行政学院、北京师范大学校长培训中心、清华大学继续教育学院等高校组织的全国优秀校长和骨干教师的培训工作；多次接待市、区两级教育主管部门安排的外地校长参访团，宣讲潞河教育理念和学校管理经验；接待来自台湾、香港、山东、新疆、江西等地的校长和老师来学校交流访问，并在全国各地学校或教育论坛做了多场教育专题报告。同时还承担潞河中学与赤峰市乌丹一中合作项目领导工作，作为总顾问参与北京财贸职业学院高端技术技能人才贯通培养实验工作，承担潞河教育联盟的领导工作和通武廊教育协作体轮值主席工作；兼任北京教育学会副会长和中国少数民族教育学会内地新疆班专业委员会理事长职务。同时与兄弟学校共享潞河的教育资源，建立了“潞河中学教育联盟”，为辐射、示范和引领区域基础教育发展做出了应有的贡献。

我想，在这样一个伟大的时代，作为一名伟大政党的基层总支书记，有幸承继潞河光荣的革命传统，并将之发扬光大一代代传承，责任重大，使命光荣，值得我倾心付出并努力奋斗。作为校长，应该是学生健康成长的重要陪伴者，因此，我牢记立德树人的教育初心，开展一系列铸魂育人的工作。近一年来主持参与了学校一系列主题教育活动，取得了良好的教育效果和社会影响力。如围绕庆祝新中国成立七十周年开展的唱响“我和我的祖国”的系列活动；参与承办团中央网络中心主办的“我爱祖国　童诵中华”的大型活动启动仪式；组织全体内高班学生观看国庆节天安门广场阅兵游行活动；开展“宪法日”主题宣讲活动；参加市委宣传部组织的“逐梦新时代——2019 年首都文明校园创建故事分享会”大型电视直播，和师生一起做了《育心育爱育未来　我们与内高班的故事》的主题演讲；参与“天下益家　慈善童行”雏鹰爱心行动和与四川凉山自治州宁南县中学读书分享活动，切实彰显了“主动发展追求卓越”的潞河精神；北京电视台所做的专题节目“老师请回答——走进潞河中学”等活动，也进一步体现了潞河教育的品质与追求，对潞河学子的灵魂塑造和思想引领也会起到熏陶渐染的作用。

下课的铃声把我从沉思中唤醒，不知不觉已经走过潞园的每一条甬路，回到了文彬路上。站在红楼门前，望着身披金色霞光的周文彬雕像，迎着他殷切注视的目光，我由衷地感叹：在革命前辈面前，我们的所有成绩，我们的所有付出，又怎能比得上他们当年艰苦卓绝之万一呢？我们又有什么理由满足、懈怠呢？因此，在今后的工作中，唯有不忘初心，砥砺前行，让潞河的红色基因、优良传统，爱国、乐群、自律、修身的校风，主动发展、追求卓越的潞河精神世代传承，才能无愧于党，无愧于人民，无愧于先烈，无愧于时代。

2021 年 3 月

愿为党工作一辈子

孟洪峰

今年是中国共产党建党一百周年。这一百年，对于中华大地而言，可谓百年沧海变桑田，天翻地覆慨而慷。而我，作为有着三十四年党龄的老党员，从新时期的改革开放再到新时代的伟大复兴，亲眼见证了中国共产党带领中国人民，一直奋战在不断自强的民族复兴之路上。站在百年历史的节点，抚今追昔，心生感慨。

从 1921 到 2021 年，从石库门到天安门，从兴业路到复兴路，中国共产党从星火微光到烈火燎原再到日出东方光芒万丈，经历了开天辟地筚路蓝缕披荆斩棘浴血奋战的三十年，又经历了艰难探索举步维艰迂回曲折坎坷前行的三十年。无数优秀的共产党员革命先驱仁人志士，在浴血奋战曲折前行中，献出了青春、热血甚至生命，为我们换来了中华民族开放图强伟大复兴的朗朗乾坤。

有幸在和平年代生长，有幸在复兴之路奋斗，有什么理由不殚精竭虑倾力而为呢？大学毕业至今，我一直在高中母校潞河中学工作。三十几年来，从普通教师做起，到年级主任、学校办公室主任直至党总支副书记，我一直秉承中国共产党为人民谋幸福的初心，兢兢业业，传道解惑，为学生的健康发展奠基，为人民的放心满意努力，为国家的伟大复兴培养合格的人才，无怨无悔，乐此不疲。

潞河中学作为百年老校，具有悠久而丰厚的教育和革命传统。1927 年，作为高二学生的中共党员周文彬和他的同学们在潞河中学组建了中共通州区第一个党支部。从此点燃潞河中学共产主义革命的火种，大批潞河学子为民族解放、国家独立走上革命道路甚至献出宝贵生命。我从担任学校党总支副书记那天起，就明确自己的工作职责，首先要继承潞河的光荣革命传统，让周文彬和通州区第一个党支部的历史深入人心，让潞河的红色基因薪火相传。其次，要当好总支书记的助手，协助总支书记做好学校的党建工作，积极为学校党总支在新时期的党建工作出谋划策。几年来，潞河中学党组织建设在保持原有荣誉的基础上，进一步发扬革命传统，争取更大光荣，各项工作呈现良好势头，党总支在学校发展中的战斗堡垒作用进一步凸显，学校政治生态风清气正。

与此同时，我的工作也得到了党员和群众的认可。

注重理论学习，增强工作本领

初做党建、党务工作，我深知自己党建理论水平低、党务工作经验不足的短板。我更深知，若想提高自己的工作能力，首要任务就是学习提升自己，才能适应自己在新的工作岗位上的挑战。正所谓打铁还需自身硬，从那时开始，也是一种危机感的产生，我一直坚持把党的理论学习放在首位，利用各种机会和方式去充实完善自己。首先，我通读了青年学者的专著《大道之行——中国共产党与中国社会主义》一书，加深了对中国共产党和社会主义的理解。党的十八大以来，党的理论思想体系的深化进入了新的时期，习近平新时代中国特色社会主义思想逐渐确立。党的十九大以后，我结合党总支配发的学习指定材料，认真学习党的十九大报告、《习近平新时代中国特色社会主义思想学习纲要》、新修订的《中国共产党章程》和十八大以来密集发布的各项党纪文件。在马克思诞辰二百周年之际，我重读了《共产党宣言》和韩毓海所著的专著《五百年来谁著史》《一篇读罢头飞雪，重读马克思》，对马克思主义理论和党的纲领性文件有了进一步的把握和领会，极大地提高了我的党建理论基础。

党中央提出党员学习“四史”之后，我一直坚持学习党的历史，重读《苦难辉煌》一书，新读金一南著的《浴血荣光》，通读了《历史的细节与主流》《革命者》《冀东抗战史话》等书籍。特别关注习近平总书记在重要历史事件的时间节点所做的纪念讲话，如长征胜利纪念、抗日胜利纪念、抗美援朝胜利纪念、改革开放四十周年纪念等等。我认真学习《习近平总书记教育重要论述讲义》，在学校理论中心组学习中为全体行政干部集体学习做充分解读，加深学校行政干部对革命历史的理解和掌握水平。

党史学习教育以来，我在工作之余，挤出时间阅读我校党总支配发的党史学习教育活动中央指定的三本书，继续学习《习近平谈治国理政（第三卷）》。多年的坚持，我对中央的决策部署、大政方针以及“四个自信”有了更多的感悟和认识，收到了显著成效。多年来，我认真利用好党报党刊，收集《人民日报》《北京日报》《中国教育报》上的理论专刊、时事评论等文章，收集党建数字化各种资料超过30G，作为理论学习的材料储备，不时重温重要文献，以此加深对党中央重大决策部署的认识。几年内，我积极参加了区委教育工委组织的党务干部赴井冈山、红旗渠的党性教育培训。我还在工作之余，参加了北京教育党校和北京市基础教育党建研究中心组织的党建示范点书记高研班、中小学党组织书记高研班的两次培训，培训中积极参加学习、参观、研讨的各项活动，向其他党建示范点的书记们学习先进经验，检视我校党总支的工作。由于学习努力，两次学习均被评为优秀学员。在全体党员通过“学习强国”APP进行自主学习过程中，我也积极走在前列，为广大党员做学习表率。

注重工作实际，提升党建品位

作为党总支副书记，只是学习还远远不够，我也注重在学校党建工作的实际中，肯于付出，不怕麻烦，增长自己的才干，在工作中锻炼自己，为潞河中学的党建工作品质提升贡献自己的力量。

从担任现职以来，围绕学校中心工作抓党总支的建设，我把发挥党支部的战斗堡垒作用和党员先锋模范作用作为党总支工作的出发点和落脚点。几年来，随着党内从严治党工作的持续强化，党内对党员的学习教育活动也在接续进行。在这些教育活动中，特别是“三严三实”主题教育活动以来，在上级党组织和我校党总支的领导下，我认真做好我校党总支的每次主题学习教育活动方案的前期制订，并深入到各个分支部加强具体工作指导，推动主题教育落地生根，产生实效。

我还认真谋划潞河中学党总支“三会一课”的内容和形式，如观看红色电影和红色微视频、参观主题展览、全体党员微党课等。党员学习的内容贴近党员实际，学习形式多样，充分发挥楷模人物和身边榜样的引领示范作用。我还为我校行政干部共同学习《习近平总书记教育重要论述讲义》一书进行理论和方法的指导……通过这些能够打动人心的教育活动，加强党员同志们的理想信念和党员身份意识，增强党员的责任意识和“四个意识”的自觉，党建活动的品位得到提升。

为了便于开展组织活动，也为了让组织活动更为生动有效，我主持了我校支部规范化建设的阵地建设工作，亲自制定党员活动室教育内容，撰写了我校党总支“通州区教育系统党性教育基地”所有展览的文字内容。我还多次担任市、区各级党员干部参观我校“通州区教育系统党性教育基地”的讲解工作，为宣传周文彬和第一个党支部做出了贡献，充分发挥了第一个党支部红色教育资源的教育作用。我还参与了市教育党校组织的《怎样提升学校党组织组织力》一书的编写工作，将党建工作的心得分享给更多的党建工作者。

与此同时，我仍然没有忘记教师的职责，经常深入到学校共青团、少先队、关心下一代工作小组工作的第一线，及时指导他们工作的开展，坚持党建带团建，做好关工小组建设和作用的发挥。多年来，我还坚持为我校中学生业余党校学员上党课——让孩子们的成长沐浴在党的光辉之下，有理想有情怀，做一个热爱祖国、人格健全的新时代建设者和接班人。

我也深知，自己的工作离党组织和党员同志们的要求还有很大差距，我将不忘初心、牢记使命，努力提升自己，为人民服务一辈子，为党工作一辈子，为中国共产党的下一个百年辉煌，贡献自己的全部力量。

牢记初心使命　践行责任担当

马剑涛

古老的大运河畔——现在的北京城市副中心，有一座百年老校——潞河中学，在她美丽的校园内，有一条“文彬路”，那是对中国共产党在通州的第一任党支部书记周文彬学长的纪念。作为拥有“中国最美校园”之称的百年学校和通州区“第一党支部”所在地，潞河中学已广为人知。不为人知的是，在古朴清新的潞河校园内，还有一批特别的学生——内高班学生。

“内高班”是指内地新疆高中班，为深入实施“西部大开发”战略，进一步加快新疆各民族人才培养步伐，促进各民族共同繁荣、共同进步，党中央、国务院决定从2000年起在内地部分经济发达城市举办内地新疆高中班。“天下兴亡，匹夫有责。”潞河中学勇于担责，成为全国首批十三所举办内地新疆高中班的学校之一。2000年至今，二十一年时间，潞河中学陆续迎来了两千多名新疆学子，他们几乎都是少数民族农牧民子女。在接受潞河中学初、高中教育后，他们进入大学继续深造，百分之八十以上的同学先后回到新疆建设家乡。他们就像星星之火，充实在新疆基层的各个岗位，为建设美丽新疆贡献着自己的力量。

我在2002年有幸加入潞河中学这个大家庭，从一名普通班主任、年级主任再到学校中层管理干部，见证和亲历了二十年的潞河内高班发展之路，而且自参加工作之日起一直到现在，我都坚持一线授课。在每天的教育实践工作中，我时刻牢记入党誓词，敬业奉献，勇于付出，用实际行动践行一名共产党员的责任与担当。

2020 年初，突发的疫情打破了春节和寒假的欢乐与平静。我担心孩子们的健康，用父亲般的博爱，日夜守护着五百多名新疆学生；我怕孩子们想家，用母亲般的慈祥，把特别的呵护无私地送给了这群远离家乡的特殊学子。即便我左脚受伤，也强忍伤痛坚持工作；自己母亲住院，也只能通过视频电话传递儿子的孝心。小而言之，我关爱学生，成就一批又一批边疆孩子的梦想；大而言之，是为促进内地与边疆的文化融合、民族团结，进行着无私的奉献。我想，这就是一位共产党员初心的写照，这就是一位党员教师的本色使然。

一、牢记初心　爱心相伴

2017 年，我刚刚接手内高班工作时，面临着心理和身体的双重压力。和以前带的学生群体不同，内高班的孩子们来自遥远的新疆，他们远离家乡，远离亲人，每年只能回家一次；内高班采取高中混班教学模式，学校统一实施教育教学管理。高中孩子处于叛逆的青春期，日常生活中难免有情绪起伏甚至摩擦冲突。如何让同学们尽快适应新的学校生活找到归属感，如何让北京本地同学和内高班同学交流交融，成了我思考的重要课题。

那段时间，学校的领导和老师都知道“我很忙”——白天，行走两万多步轻轻松松；每天三顿饭，我顿顿和学生一起吃；所有课间，我都行走在学生的视野里，观察孩子状况，巡视校园，排查问题隐患；每一个周末，我几乎都和内高班的孩子们在一起。晚上，我就住在学校，以防有临时情况发生，能马上响应处理。我利用晚上的时间仔细梳理当天观察到的情况，发现问题第二天马上想办法解决。有时候想着想着就到了夜里两三点，第二天六点起床，又是忙碌的一天。

“潞河就是你们第二个家，我就是你们的大家长，有什么事你们可以随时找我。”“你们是父母、家乡的希望，是星星之火，有了你们，咱们新疆将来就能变得更好！”这是我给同学们说得最多的话，也许短时间内有些孩子理解不了，但我相信只要他坚持做下去，心有所念，必有回响。2019 年上半学期，有个刚入学的高一孩子，初来北京非常不适应，天天想家闹情绪，和家长通电话想要退学，家长也心疼犹豫。我知道这个情况后，第一时间找孩子和家长沟通，每天都抽时间和这个孩子谈心，和家长一打电话就是两小时。经过一个多月二十多次的电话沟通，我的耐心和爱心深深打动了孩子和家长，他们终于安心，孩子也很快适应了学校生活。

在这个过程中，我一直告诉自己，一个孩子就是一个希望，一个也不能少，得想办法让孩子留下来继续读书深造。作为一个父亲，我理解一个孩子离开父母家乡的孤独；但我也知道从新疆本地众多学生中争取到入学名额的艰难，不能轻易放弃。作为一名党员教师，我牢记内高班是中国教育扶贫的一个抓手和助力，我要通过自己的努力，通过学校教育和文化融合，教给新疆学子更多的文化知识和学习能力，更要教给他们热爱祖国、建设家乡的文化情怀。

二、星星之火　教育之光

我在二十一年的教育实践过程中，把对内高班学生的教育理解为“扶智扶志”。我日日期待将来某一天，内高班的孩子们学成回乡，作为星星之火，照亮家乡建设之路。这就是教育之光！

数年寒暑，我迎来送往一届又一届的新疆学子。在每年新生到京后，我都坚持到车站迎接，我要让孩子们第一眼就看到我；我把每年的三百六十五天都变成了工作日，寒暑假值班是家常便饭，就连每年的除夕之夜，我都是在学校和内高班学生们一起度过的，等孩子们的欢声散去，进入梦乡后，我才会悄悄地走在回家团圆的路上。我还坚持每年带队组织老师到新疆家访，足迹几乎踏遍了新疆广阔的土地；学校坚持混班教学，我便鼓励本地同学和新疆学生结对子，特别是春节，新疆学生不回家，北京同学就带新疆同学回自己家吃团圆饭，带新疆学生去体验老北京民俗活动。

我的辛勤付出，同学们看在眼里，记在心里。无论他们现在是在大学深造，还是回乡建设，依然会把我当成良师益友，都会记得跟“敬爱的马主任”做汇报。每每提到历届学生，谈到他们在新疆的工作生活情况，我都会有满满的自豪感和幸福感，为自己的学生能为家乡美好建设做出贡献感到骄傲。目前，在和田地区妇联工作的古丽同学，奋战在脱贫攻坚第一线；在哈密独立开设培训机构的古丽仙同学，已经成为该地区教育机构的“领头羊”；在自治区体育局工作的阿拉法特同学已经成为自治区重竞技体育项目的负责人……有时候，学生甚至会给我布置任务，要我帮忙推广家乡特产，我也毫不犹豫，积极行动。当同事们善意地笑我又“不务正业”时，我总是说：“扶上马送一程，我愿意我的学生在改变家乡的道路上走得快一些，顺一点。”我无法忘记去新疆家访时，孩子们家人有的不会说汉语，但那质朴的眼神却充满了对党和国家的感激。我只有尽我所能，把内高班的孩子们都变成那些最闪亮的星星，去照亮他们的家乡、他们的未来。

三、行而不辍　未来可期

2020 年 11 月 3 日，潞河中学校园内，一场特殊的捐款正在进行。全校师生在学生处和团委的组织下，迅速行动，短短一天时间为患病的 2018 届内高班的一位离校同学捐款十一万余元，为这个贫困的新疆家庭解了燃眉之急。同时我还组织师生录制祝福小视频，鼓励孩子，去勇敢面对病魔，笑对未来。

为迎接北京 2022 年冬奥会，在我的鼓励组织下，内高班学生组成校冰壶队和冰球队，刻苦训练，第一次参赛就取得了北京市中小学冬运会冠军和亚军的好成绩。

2020 年 1 月底，当疫情在全国蔓延，整个学校封闭管理，近五百名内高班孩子不能像本地学生一样回家，惊慌和失望情绪可想而知。在这紧要关头，我毅然放弃和家人团聚，搬进了学校，一待就是几个月。特别是在这期间，母亲突发疾病，我只能安排家人照料，母亲也深明大义，支持我舍小家保大家，让我可以全身心投入到疫情防控工作中去。2020 年暑假来临，北京疫情刚刚平息，新疆疫情又出现波动，在学校领导的支持下，我火速设计了丰富多彩的校内实践课程——京剧、书法、瑜伽、电影……最大程度稳定了学生情绪。当孩子们如愿踏上平安返疆的列车，我悬着的心也终于得到片刻舒缓。

我永远记得，在新疆家访时，麦麦提敏的父亲——一位淳朴的维吾尔族老人，一直满含泪水感谢党和国家的好政策，感谢潞河中学对儿子的培养。每每听到这样的话语，我和老师们都感到无比骄傲，同时也感受到那份沉甸甸的责任。

时值初夏，文彬路旁草木葱翠，欣欣向荣。何其荣幸，我每天能走在这条红色道路上，这对我是一种极大的鞭策和激励。作为潞河中学一名新时代的党员教师，我将传承潞河红色基因，不忘初心、牢记使命，勇于担当、甘于奉献，在新时代的长征路上做出更大的贡献。

党旗所指，团旗所向

——立足学校共青团工作的实践体会

徐 甲

时值小满，百年潞园草木葱翠，欣欣向荣，空气里都是流淌的绿意和草木的清香。漫步其间，五脏六腑都被洗涤一般，身心表里变得澄澈而清爽，灵魂也因其洁净而升华。转眼七年，在潞园山水的熏陶浸染中，我从初任共青团干部时的紧张忐忑，历练到如今的自信从容；从毫无经验的团干新人，成长为北京市优秀团干部——我像潞园的草木一样，深得百年潞园的精神滋养。

站在文彬路旁的周文彬烈士雕像前，心中涌起无限感慨。从走进潞园那天起，我便被这位前辈学长的英雄事迹所感动，暗自发誓一定要以英雄学长为榜样，不愧共产党员的光荣称号，牢记使命努力拼搏，以实际行动告慰先烈英灵。因此，从走上共青团工作岗位那天起，我在上级团委和学校党总支的领导下，积极贯彻党的教育方针，围绕共青团的工作要求，为党育人、为国育才，努力培养担当民族复兴大任的社会主义建设者和接班人。日复一日，年复一年，初心不改，勤奋工作，将美好的青春年华献给了潞园。我觉得，文彬路不只是潞园的一条甬路，而是代代潞河人的人生之路，当然包括我，一个党员教师的人生之路。

蓦然回望，我看见自己一路走来，每一步足迹都那样清晰。

（一）为党育人，是我坚定的信念

“母亲用共产主义为我们命名”，团歌中的这句歌词形象地揭示了党团之间的特殊政治关系。作为党的助手和后备军，党旗所指就是团旗所向。因此，为党育人，做好青年的思想引领工作，培养社会主义建设者和接班人是共青团的重要任务，也是我最坚定的信念。

青年兴则国家兴，青年强则国家强。青少年的价值取向决定了未来整个社会的价值取向，而中学生又处在价值观形成和确立的时期，抓好他们的价值观养成非常重要。因此，我坚持以理想信念为核心，以主旋律引领成长，引导青少年理解个人与国家的关系，把个人成长成才同国家的命运紧密相连，教育和引导学生努力学习，报效祖国，坚定为共产主义事业而奋斗的理想信念。

每一个新学年，我都认真设计开学典礼的每一个细节，让刚刚入学的初高中新生感受到潞园深厚的文化底蕴和爱国主义传统；每一个毕业季，我又和老师们一起精心策划高三年级的成人仪式和初三、高三毕业典礼，让孩子们带着成长的快乐和勇于担当的自豪走进新的人生旅途。这些充满仪式感的活动，将伴随着孩子们的青春记忆铭记终生。

在学校党总支的指导下，团委每年针对高中学生举办一期学生党校，通过邀请专家讲座、总支书记讲党课、参观党史教育基地、寻访身边的老党员、组织红色之旅等活动，积极宣传党的理论和习近平新时代中国特色社会主义思想，帮助学生了解掌握党的理论、路线方针政策，增强他们对新时代中国特色社会主义的理论认同、政治认同、情感认同。针对初高中孩子不同的年龄阶段，我还每年组织如“红领巾心向党　争做新时代好队员”建队仪式、“我与祖国共奋进”等主题教育活动；开展“青春告白祖国”系列活动和建团仪式等重要活动。

建党百年之际，团委开展了“学党史、强信念、跟党走”学习教育系列活动。包括“迎建党百年华诞　启青年理想征程——学生党校开班典礼”及系列课程与活动，纪念建党百年“传承红色基因，争做时代新人”系列主题国旗下讲话，组建百人党史宣讲团，组织各团支部、各中队学习党史，覆盖全体团员青年的每周线上“青年大学习”，覆盖全校各班的“百年党史百天学”活动，还有围绕建党百年的文创作品征集等活动……通过这些活动引导学生学习党史，培养学生爱党爱国精神，鼓励学生从红色基因中汲取力量，听党话，跟党走，担当起民族复兴的大任。

（二）传承初心使命，是我义不容辞的责任

深化爱国主义教育，是共青团义不容辞的责任和使命。团委每年组织少先队员到天安门站少先先锋岗，参观毛主席纪念堂，对学生进行爱国主义教育。依托校内爱国主义教育基地、党史教育基地、革命烈士纪念碑、知名校友铜像等教育资源，我组织了清明节祭英烈、校史馆参观、新生“漫游潞园”等系列活动，让每一位学子了解潞河红色历史，引导学生继承先辈革命精神，传承潞河红色基因。

为国育才，就要把“一切为了学生发展”作为工作的出发点，把“培养和服务青年”作为努力的方向。团委着力打造具有时代特征、符合青年需求的品牌活动，如“十四岁集体生日”“十八岁成人仪式”“五四感动潞河”“校园文化艺术节”“青春　健康　发展”健康节等推广性高、连续性好、凝聚力强，深受学生喜爱的活动，使学生塑造健全的人格，形成健康的体魄、高尚的价值追求和公民意识、国家观念。

共青团要履行引领青年、动员青年、联系服务青年的职责。围绕“凝聚青春力量，服务青年发展”的宗旨，打造了“团委—学生会＋社团联盟＋潞河中学志愿服务队”的工作格局。团委每年指导学生会开展包括篮球赛、潞河好声音、辩论赛、诗词大会、潞园讲坛等几十场次学生喜闻乐见的活动，丰富学生校园生活，绽放学生

青春风采。组建社团联盟，组织多彩的社团活动，满足学生个性发展需要。组织潞河中学志愿服务队在校外开展松堂、人工耳蜗、太阳村、社区除尘等多项志愿服务活动，在校内组织捐冬衣、捐书等公益活动，培养学生良好的道德品质和社会责任。

（三）多种途径育人，是我与时俱进的工作方法

为了加强与孩子们的沟通，强化团组织的影响力，我不断创新工作思路，增强对各年级学生的组织力、号召力。2020 年，学生大多居家学习，非常时期，非常团声，虽有疫情肆虐，我和老师们一道，利用网络毅然前行——组织奋斗有我“钉钉云集结”，将战疫精神融入主题活动；同时向全校团员青年、少先队员发出“动员信”，动员学生与全国人民一道共克时艰，参与战“疫”。同学们积极行动，掷地有声的“抗疫宣誓”刷遍朋友圈，致敬英雄的诗画、文章等作品被多家媒体转发，团员青年在社区免费发放口罩、到医院志愿服务、到松堂陪伴老人、支持社区抗疫坚持多日义务盯守楼门……潞河学子用行动诠释青年担当，助力战“疫”，与祖国与时代同频共振。这一时期，我撰写、编辑、发送简讯五十余条，点击量九万五千六百四十八次，广泛宣传了学校共青团教育活动及成果，吸引了青少年对于共青团活动的热切关注，提升了团组织的影响力。

我的努力与付出增强了团组织对青年的渗透力，实现了潞河共青团工作的蓬勃发展。近年来，潞河团委多次被评选为“通州区教育系统红旗团委”“通州区优秀团委”“北京市五四红旗团委”，还曾获共青团系统的最高荣誉——“全国五四红旗团委”的称号。

（四）践行初心使命，是我永远的动力

教书育人，是为师之责；践行使命，是党员初心。为党工作，让人民满意，我任劳任怨，无悔奉献。

数年来，我的工作涉及共青团、学生处和行政分支，身兼数职，

头绪繁多。作为一名党员教师，我时刻严格要求自己，爱岗敬业。两年前，我因骨折做过两次手术，都是在没有痊愈的情况下，强忍疼痛回到工作岗位；第三次手术要取出植入钢板，被推进手术室之前我还在工作，出院后没有休息一天又回到工作岗位。为了不影响工作，两个孩子生病常常都是深夜带孩子去医院，白天依然情绪饱满地坐在工作台前——我的工作台历永远满满当当。为方便学生，七年二千五百多天从不午休，团委大门永远向每个学生敞开；十余个学生群二十四小时在线；白加黑、5 +2的工作模式成为常态……孩子们常常送来暖心的问候："老师，加油!""老师，辛苦了!""老师，给您加鸡腿。"……

每当我感到疲惫的时候，从团委窗口望去，便可看到周文彬学长的背影，想到这位国际共产主义战士，为了中国革命放弃高考、拒绝婚姻、不顾与亲人团聚的人生抉择，直至献出宝贵生命的壮举，我就感到自己的付出仅仅是作为一名党员的职责所在。未来还有很长的路要走，使命在肩，唯有一往无前。

我将继续忠诚党的教育事业，以踏实的态度，满腔的热情，循着文彬学长的足迹，在潞河教育沃土上书写自己对教育的一片赤诚。

沿着文彬路，我将初心不改，笃步前行。

厚布教德　泽被潞园

——记我的恩师共产党员张民兰

梁莹莹

时光荏苒，予怀渺渺。转瞬之间，我来到潞园已经近二十年。我的身边，曾有这样一个人，她既为恩师，又是益友。恩师于我，诸多教诲恩泽，让我明白了什么是教师党员的使命和担当。

恩师之印象

初见张民兰老师，是我在潞河试讲之后的答辩会上。当时看到讲台下诸多大师，心中难免惴惴。思考准备期间，和张老师的目光相遇。她和蔼、亲切、鼓励的目光给了我一种无形的支持，以至于在答辩会之后，我对张老师和蔼可亲的卷发形象一直念念不忘。事实上，这也是张老师为人、为师给人的第一印象，亲切好相处、平易无距离。

来过潞园的人都知道，潞园湖光树影，绿草成荫。然而，十几年来，我很少发现张老师在湖畔驻足的身影。她甚至不曾有过时间，流连欣赏过哪怕是近在身边的美景。有一句话说“奋进的人，听脚步就知道”，她的脚步总是匆匆地行走在潞园的甬路，行走在工作室和教室之间。她的奋进，给当时年轻的我们树立了榜样；她的奋进，也激励着我们奋进。

张老师是我们组里年龄最长的老师，也是为数不多的特级教师之一。但是每次有最艰巨的任务她都会一马当先地承担下来。难事易事，率先垂范。大到发展规划，小到生活琐事，她对组里的每一位老师都关怀备至。去其他城区教研的时候，哪怕是早上六点出发，张老师都会是第一个到达的人，并给我们准备好早饭和热水。年轻的我们常常把张老师唤作“家长”，她是我们的“顶梁柱”“主心骨”。正是她待人做事的这种无私和真诚，感染着周围的我们，也带领着我们，跟随着她的脚步，在潞河政治教研室这个温馨的家园中愉快地成长。

恩师之教诲

初入潞河的我，是一个没有师范背景的青涩学生。怎样上课、怎样做课件、怎样和学生相处，都得益于张老师的悉心教诲。张老师教学谆谆，善诱循循，解理析法，必使学生有获则后罢。在这十几年来，张老师给了我母亲般的照顾和关怀，也给了我孜孜不倦的教诲和指导。可以说张老师对我的成长起到了关键的作用。张老师在三方面对我的影响颇深：

一是教学。她使我掌握了思想政治教育的精髓：要向学生生活的各个领域开拓、延展，全方位地与他们的学校生活、家庭生活和社会生活有机结合起来。张老师的课堂，永远是最鲜活的，和时政信息和社会热点连接最紧密的。她常常告诉我们：教学生“一切从实际出发”，自己首先要“一切从实际出发”。正是张老师的这个观念，使得我常常留意观察生活，从学生的实际生活中找寻教育契机。

二是学识。张老师理论功底深厚，国家大政方针政策谙熟于心，专业书籍常伴于左右。《理论研究》《新华文摘》是她常年订阅的刊物。在她的工作室斗柜中，存放的也是各类书籍。每逢讲话发言，张老师必是文采飞扬、妙语连珠。我想，这也是她常年积累和学习的结果。正是在她的影响和鼓励下，我们组的老师都是爱书之人，学，然后知教。

三是为人。张老师以德为教，为人师表。为人真诚无私、一身正气。当有人慨叹世事不公、妄议时政的时候，张老师会告诉我：“中国用了几十年，走了西方资本主义国家上百年的路，这是中国的伟大！”作为一个政治老师，肩负着对下一代思想政治教育的重任，更要坚定信心、增强修养。每当组内老师做公开课的时候，张老师都是坚强的后盾，陪着我们熬夜、研讨、改课件，张老师每次都会鼓励我们、给予我们信心。有时候如果一个任务没有完成好，自己会觉得愧对张老师，愧对政治教研组。也正是这样的想法，一直激励着我们朝着更高更远的目标去努力。我想，这就是张老师的人格力量吧！

恩师之教学

多年来，我非常钦佩和倾慕张老师臻于化境的教学艺术，包括她上课的形式和风度。高山仰止，景行行止，虽不能至，但我心向往之。

（一）开放的理念

张老师的每一节课都和学生有很好的互动，所谓“亲其师、信其道”。这和张老师平时的训练是分不开的。她尊重每一个学生，让学生有充分发表个人见解的机会。在诸多研究课例探讨过程中，张老师都向我们传达了这样的思想：课堂就应该随时随地拿些活的东西去教育学生，培养人才。政治课堂就是生活化的课堂。在社会和生活实际中，使得整个教学过程活动以自然和社会为背景，以实际生活为依托，倡导一种向生活的开放。在开放的生活中学习，在开放的学习中生活。在“秋实杯”课堂评优活动中，张老师就建议我选择了跟学生密切相关的运河文化，重组了《文化生活》的部分章节。我理解到：一堂课不一定就是在教室里，就是在运河边上，也可以上得精彩。

（二）创新的思路

张老师鼓励我们大胆地进行教学改革，创新教育教学思路。当时作为教研室主任，她定期组织召开组内研讨会，交流课堂改革的所得所感。同时，她身体力行，积极走在教学改革的前沿。比如创新学生评价方式，把学生平时的课堂参与度纳入到期末总成绩考核中，不仅提高了学生参与课堂的积极性，锻炼能力、提高成绩，也使得评价方式更加科学合理，有助于更好地发挥学生的主体作用。她常常告诫我们，政治课容易上成让学生死记硬背的方式，要把这种“接受学习方式”转变为“基于问题解决的自主学习方式”。这和课程改革的基本思路是吻合的。而在我的印象当中，这个理念从我来到潞河之日起就是她已经在积极倡导的。

（三）严谨的精神

记得有一次期中考试命题，张老师为一道题琢磨了一个星期。我当时慨叹张老师治学的严谨，她只是笑笑，说：“一点科学性错误也不能有。”她平时对我们也是这样要求的。一次听课笔记、一纸教案、一份学年教学计划，都要工工整整、科学规范。大到一个教学设计，小到一个标点符号，甚至课件的字体大小、颜色对比是否适合学生观看，张老师都会体察入微。她是这样说的，也是这样做的。作为一名年长的特级教师，张老师的每一个课件都是原创，每一份教案课前都要好几备，给我们树立了学术榜样。正是受她这种严谨治学精神的感染，我也会有意识地规范自己的每一个授课细节。向张老师看齐！

（四）独到的方法

张老师注重每一个教学环节的精心打造，哪怕是课前三分钟的导入设计。张老师的课，有着她独特的教学风格，也取得了显著的教学效果。仰之弥高，钻之弥坚。我们经常揣摩张老师的教学方法，“因人施教，因材施教”，又使得她的课自成一派、诸多变幻。

1. 对学生“多看、勤背、精练”的要求

看书应该做到四看：看目录（经常看）、看序言（总序言和每课的序言）、看内容（大小字、黑体、楷体都应该看）、看小结（课后知识小结是每课知识的浓缩）；“背”要背基础、背纲要、背逻辑、背笔记。学生“精练”的每一道习题，都是张老师从若干道题中精选出来的，或者是根据教学要求精心编制的。她常跟我们说，“要想学生走出题海，老师首先要走入题海。”她的课堂涉猎广、内容丰富，又有实效性。

2. 倡导“合作学习”的学习方式

有一次听张老师的课，她叫起一位同学，我和学生一样都以为是让这位同学回答问题，结果张老师话题一转：“你给你的同桌出一道题来回答吧！”同学们都笑了，不仅调节了课堂气氛，同学们思考的力度也增强了，不仅要会回答问题，而且还要会提出问题；同时，也提高了同学们的课堂参与度。“独学而无友，孤陋而寡闻”，张老师经常指导同桌之间相互布置或批改作业，前后四个人一起讨论最后推选一名代表进行发言；全班就一个问题进行集体讨论等。在合作学习的过程中，学生的想法得以交流，思维得到了碰撞，既调节了课堂气氛，又锻炼了学生学习和思考以及互相讨论的能力。

3. “兴趣”是最好的老师

张老师说：“学生只有爱上你的课，才能从你的课上学到知识。”她常常从日常生活的典型小事或热点着手，将学生引入政治课堂。比如在讲“政府职能”的时候，她选用的“北京公共交通”的例子，引发了同学们热烈的讨论，道理也就不讲自明了。她的语言幽默风趣，学生们常常在会心一笑的同时，就掌握了课堂教学目标。

成长在潞园之中，我和张老师的学生们一样，遇到张老师亦师亦友、率先垂范，倍感幸运，也倍感鞭策。在以后的学习和工作中，我一定紧随恩师的脚步，谨记恩师的教诲，以恩师为楷模，牢记共产党员的使命与担当，刻苦努力，拼搏上进，以报师恩。

2020，我也在现场

——一个普通党员教师的责任与担当

邵红梅

作为潞河中学的一名党员教师，我始终热爱教育事业，对工作有着强烈的责任感和敬畏之心。

2020 年，是极其不寻常的一年。这一年，我承担高三两个实验班的语文教学，同时担任其中一个班的班主任和年级副主任。每天六点五十分到校，七点十分准时到班，晚上九点以后回家，看早读、备课、上课、自习辅导、个别谈话、开会……用脚步丈量高三楼的每一个角落，在教室的方寸之间日行近两万步，是我每天的日常。学生调侃"邵老师像协和湖边的蘑菇'长'在学校，随时都在"。

作为年级副主任，我密切团结年级十四位班主任和四十多位教师，群策群力千方百计提升高三毕业班的教育教学质量。在武汉疫情开始严峻的时候，我就敏锐地觉察到 2020 年的非比寻常，我连夜写了一封信，于 1 月 30 日一大早发给还在休寒假的全体高三学生。在信里，我告诉学生，要相信国家相信学校相信老师相信自己，非常时期非常处理，静下心强健体魄、梳理知识、精准提优补弱，希望同学们像科比那样，永远充满进取心，去战斗，去克服，去超越。

北京市开始居家学习以后，我第一时间召集九科备课长共同编写《潞河中学高三年级居家学习指南》，在居家学习的第一天就发到了学生手中，我以"种子在冻土里梦想着春天"为题，寄语全体潞河学子："自律比任何时候都珍贵，要用自律和勤奋守护梦想，更要用努力和行动让所有梦想都开花！"居家学习是挑战，更是考验和成长。为了更好地激发学生的学习热情和学习斗志，我协同学校团委举行了"云端高三百日誓师"，学生、家长、教师齐聚云端，13 班梅文煜同学写就《讨高考檄》带领学生宣誓："剑磨三载，为此一战，庚子国难，唯心不辍，攀蟾折桂，舍我其谁？"家长们说学校的细致安排让他们特别安心，一定配合学校打赢高考这一仗。

高考延期以后，我又一次召开学生大会，动员学生："行百里者半九十。最后一程往往最为艰苦最为疲惫难行，坚持下去的勇气和决心就尤为重要，引导学生从困难中获取动力，从挫折中汲取经验，从失误中找准方向，不敛斗志，不灭信心，以踏实笃定的步伐和滚烫炽热的激情为梦想放手一搏！"

一次又一次的年级活动，是激发，是励志，是镇定剂，是强心针，陪潞河高三学子走过一个又一个居家艰难但不孤独的日子。

疫情期间，我主动承担区里、学校里的录课任务，精心整合复习专题在全校全区共享。我坚持一对一评阅作文，无论多晚，钉钉微信的学生问题都会在当天解答。学生说，老师密密麻麻的批语、连夜打包的复习资料、略带沙哑的声音、忙碌穿梭的身影，是高三最为暖心的记忆。我利用作文课和班会探讨"何谓'英雄'""何谓'担当'"，教育学生社会就是最好的课堂，要从社会这本大书去学习，去思考，因为"无穷的远方，无数的人们，都与我有关"。我激励学生保有 2020 年的这份独特的记忆，任何时候都要保有一份"任凭野风呼号，泰山永远不会低头"的战斗豪情！希望学生经此一役，成长为更有温度更有力量的中国青年！

2020 年高考，潞河中学取得了优异的成绩，我班里的学生分别取得了通州区语文单科状元、通州区传统理科选科状元以及总分状元的好成绩，班级高考总分平均分达到了 637 分，大部分学生进入了理想中的院校学习。

2020年庚子年，对于我来讲，是重新审视教师使命的一年。经此一役，我更加真实地体会到了以身许国、逆向前行的含义，也让我更加珍视教师这一身份。我将努力以“扎实的知识功底、过硬的教学能力、勤勉的教学态度、科学的教学方法”审视自己，一如既往地保持对教育事业的热爱和激情，静心教书、潜心育人，成为学生成长道路上、逐梦道路上的陪伴者与守护者！

愿我们所有的陪伴与守护，都能盛放！

勇担时代使命　做合格的党员教师

李晓盼

1921—2021，一百年的时光辗转而过。百年来，中国共产党紧紧依靠人民，披荆斩棘，取得了革命、建设和改革的伟大胜利，开创、巩固和发展了中国特色社会主义，从根本上改变了中国人民和中华民族的前途命运。而今，“两个百年目标”还要再接再厉。

我出生那年，改革开放刚刚起步，从出生、成长、求学、工作到今天，正好见证了中国逐渐富起来，再走向强起来的过程，尤其深切体验到中国教育的变化和发展。我从教十五年来，也一直奋斗在潞河中学教育教学的第一线，参与推动了历次教育教学的改革实践。教育随着时代而发展，更要为时代发展储备人才。面对下一个百年目标，作为一名党员教师，自知使命在胸，责任在肩。

首先，要勇担时代责任，做合格的教育工作者。

梦想在前，路在脚下。作为一名普通的党员教师，我深深知道自己力量弱小，好比是时代大潮中的一粒沙、一滴水，但也有责任顺应时代发展，以“功成不必在我，功成必定有我”的精神和决心，承担时代赋予的教育事业的责任，为国家的教育事业进步、人才培养贡献自己的一份力量，做一名合格的教育工作者。

其次，明确自身双重角色，传承潞园的红色基因。

党员教师，是双重角色（先进分子和教书育人者）的统一。要将这种内在统一具体落实在理想追求和实际工作的统一之中。潞河中学有一百五十多年的历史，这里诞生了通州区第一个党支部，这里走出了周文彬烈士等一大批优秀党员。作为潞河的党员教师，传承潞河的红色基因义不容辞。工作中，要保持共产党员的政治本色，努力发挥骨干、带头和桥梁作用，勇担当、善作为。树立“四个意识”，做到“两个维护”，在个人利益与党性要求有矛盾时，服从党性要求，始终把大局、群众的利益摆在首位，积极配合和支持他人，携手共同进步。

再次，厚植教育情怀，培养健全人格的潞河人。

作为党员教师，时刻提醒自己：牢记教育“培养什么人、怎样培养人、为谁培养人”这一根本问题，引导潞河学生将国家命运与个人发展结合起来，落实“立德树人”的根本任务。提醒自己：有孜孜以求不断进取的钉子精神和默默无闻甘于奉献的精神，有耐心有定力坚守教育的初心，以更高的视野和进取的心态，探索新一轮教育改革与创新。把个人发展融入学校教育发展之中，把学校的培养“健全人格的潞河人”的教育理念与时代要求相结合，努力培养社会主义事业的合格建设者和可靠接班人。

历史的波涛和时代的大潮会磨砺和检验那些意志坚定的奋进者和拼搏者，同时淘汰和冲刷掉那些犹豫不定的懈怠者和退缩者。在新时代，通往新征程的道路上，我愿勇担时代的使命，做新事业的开拓者，做一名合格的党员教师！

牢记初心　勇担使命

——内地新疆班专业委员会工作纪实

温学军

在北京市通州区潞河中学，人民楼205办公室外墙上，有这样一块牌匾——中国少数民族教育学会内地新疆班专业委员会（简称“内专委”）。内专委是中国少数民族教育学会分支机构，是专门从事内地新疆班教育研究并承担政府部门委托课题研究的学术组织。在一所中学，怎么出现了一个民族教育学会的组织呢？

2000年，潞河中学成为全国首批承担内地新疆班项目的学校，因为是最早办班学校之一，具有较为完整的办班体系和办班特色，在项目学校中有较大影响，加上地缘的优势，2014年内专委成立，便挂靠在潞河中学。目前拥有一百二十五所会员学校，已成为各项目校校长、教师分享教育研究成果的广阔平台。在此过程中，潞河中学领导和师生付出巨大精力和心血。我作为内专委秘书处工作人员，尤其作为一名共产党员，有幸成为这项工作的直接参与者，辛苦付出的同时，成为民族团结进步教育的忠实拥趸和践行者。

（一）悟初心　强化服务意识

内地新疆高中（职）班项目是教育部落实西部大开发战略，实施教育援疆的重要项目之一，目前已成为我国民族教育的一支重要力量。为西部建设和国家培养合格建设者和接班人，是党和政府教育的初心，也是民族团结进步教育的初心。作为各承办学校经验交流与成果分享的平台，内专委首先强化服务意识，发挥好平台交流教育经验、分享教育成果的作用。因而，征集论文、编辑成册、组织年会、发布课题、组织课题评审等成为我的工作日常。需要将征文编辑成册时，我认真审阅、校对每一篇文章、每一帧图片，反复与图文设计公司沟通、与作者沟通、与学校沟通；课题评审时，多方联系专家，认真讨论每一个课题结题报告，慎重拿捏每一个奖项，因为这里面蕴含了参与课题老师的创造和劳动，需要格外尊重；疫情原因无法召开线下集会，各种学习材料和会议资料只能通过邮寄的形式给到各承办校，分拣、打包、打印邮寄地址，内专委一众人忙得不亦乐乎。但每每收到各校问候和感谢，一切辛苦便烟消云散。材料经由我的手，带有理解和尊重的温度，我知道他们一定能感受到，而我也因为简单的劳动，感觉自己实实在在成了内高人，成了参与民族教育的一分子。

这份工作最让我感慨的是一年一度的年会。年会是全国内高人的聚会日，大家聚集在一起，面对面交流教育、教学和管理方面的经验以及可借鉴的方法，大到教育理念、管理模式，小到手机如何收发、食堂窗口如何设置。内专委也会利用这难得集会的时机，请教育部领导做政策解读，请民族教育方面的专家教授答疑解惑。年会还是潞河中学学生处和内地新疆班办公室，甚至所有内高学生聚会日。会议期间，潞河中学无论领导还是学生处的老师们，从安排宾馆住宿、召开会议到参观访问，大家一起既是服务生又是导游。各承担校虽然分散在全国各地，但因为担负着相同的使命和任务，又因为经历着同样的辛苦与快乐，见面便是老朋友般的握手和拥抱。在潞河学习的新疆学生在年会期间，承担校史馆讲解员和引导员任务，他们与各地参会学校的领导老师们，如同见到久违的亲人，他们之间互相热络地交谈着，欢快地笑着，那一幕，深深烙在我的心里。

（二）守初心　增强服务能力

学会是各项目承办校之间经验交流、成果分享、方法借鉴的平台，做好这个方面的工作需要有极强的政策把握能力，语言不严谨，细节不注意，也许会酿成大错。为做好工作，我认真研读了马克思恩格斯关于民族问题的理论、我们国家各个时期的民族政策、民族教育工作的路线方针，特别是习近平新时代关于民族教育工作的指导思想等，首先做到对政策和法律法规理解准确。

课题管理包括发布、申请、论证、立项、阶段进展及结题报告、成果提交、推广发表等环节。作为必须完成的一项任务，我可以全部交付给专家，但作为一项创造性工作，我不能简单了事。尽管作为研究生，我对课题研究的流程已经非常熟悉，但为做好课题管理工作，我仍认真阅读了大量相关书籍，包括如何调研、如何统计、如何对数据做分析、如何从纷繁的教育现象中归纳梳理问题等。同时主动参与了一个由人大教授主持的、与我专业领域不相关的课题，希望通过实地参与课题研究，了解新形势下课题研究方法的变化，了解如何带课题更高效、如何研究课题更具有专业性。这一切只有一个目的，就是提升自己课题管理的服务能力。将工作视为任务，或仅仅作为职业，是不能创造性做好工作的，也不能高标准做好工作。我深究自己的变化，认为变化来自对民族教育工作重要性认识的加深，来自自己对党员初心与使命认识的加深。默默无闻的平凡的工作，让我体验到“心中有信仰，脚下有力量”是一种什么样的感受。

（三）践初心　提升服务水平

2021 年初，教育部给到“内学办”两个任务，一是就《内地新疆高中班管理办法》提出修改意见；二是就“内地办班学校教育如何开展铸牢中华民族共同体意识教育”提出意见和建议。这让我意识到内专委除了发挥平台的作用之外，其联系政府主管和项目学校间的纽带作用也日益凸显。奋战在一线的教师和校长，在实践中遇到的问题是真实可贵的，也是最需要关注和尊重的，内专委通过征求各项目学校的意见和建议，对其进行梳理、整理和归纳，一方面为教育主管部门提供可行性建议；另一方面，在发布课题时，可以及时了解教育教学实践中真实存在的问题，强化以问题为导向的研究，努力推进对“新时代、新理念、新格局”等新观念的思考与落实，无论是办学思想理念更新，制度、体制创新，还是教育管理模式的完善或再构，以及教育资源的充实与丰富，都可以极大促进学校教育内涵品质的提升。

我们处在一个大变革的时代，无论是基础教育领域综合改革，还是职教领域的创新发展，举措频出，变革迅猛。内地学校承办新疆班教育，最长的已达二十一年，原有格局已经发生变化，如何施教、如何管理、如何了解学生、如何发展教师、如何建构模式等，都需要我们认真研究，反复实践。内专委从 2014 年成立至今，推出了三期课题指南。从倡导在教育教学方面展开广泛研究，就民族团结进步教育展开广泛研究，到在立德树人总目标实施方面展开广泛研究，内专委一如既往牢牢抓住教育科研这个利器，不断提升工作中的科研含量，努力服务好民族团结进步教育高质量发展。

2020 年初，突如其来的新冠疫情肆虐全国，大、中、小学生近半年时间在家线上学习。内专委敏锐关注到全国内地新疆班项目校这个特殊群体。每个项目承办校都保有数百名新疆学生，他们高密度聚居在学校，在疫情爆发这个特殊时期，成为最直面风险的人群，一旦爆发病例个案，后果将不堪设想。值得欣慰的是，在各办班省市领导和各项目学校校长、教师、职员的精心呵护下，全国内地新疆班项目校无一人出现新冠病例，这其中包括在武汉的数所内高和内职学校。这其中的惊心动魄也许只有内高（职）人才能了解。为了让人们了解这一特殊时期特殊人群的特殊经历，内专委编辑了抗疫文集《守护生命——请记住这些人》，既是纪念，也是告慰，更是内专委向始终奋战在一线的内高（职）学校的校长、教师及全体工作人员表达的最崇高敬意。

内专委的工作是琐碎而平凡的，且因为与学校工作并无直接关系，不免常被忽视、忽略和误解。但正因为参与这份工作，让我看到教育的真义——师生间所建立起来的真挚的情感，看到教师职业的专业——在这种特殊教育形态下劳动创造性，看到在高考巨大压力下，教师应有的品格——始终把立德树人作为教师职业的初心。每每在字节中读到内高人的这些故事，心灵就会在一次次颤动中得到净化，这是思想的洗礼，也是精神的升华，它们滋养了我的生命，给了我前行的力量，坚定了我的初心，也让我更加敬业，更加专业，更加勇敢。

赓续红色精神　擦亮人生底色

——学习烈士周文彬有感

刘　光

什么是共产党员？

三岁时的我会回答：是老照片中胸戴大红花参加代表大会留念的姥爷。八岁的我会说：是历史书上那一段段历史中的英雄或是清明祭扫时那一座座纪念碑上的名字。二十岁的我会告诉你：那是我努力想要成为的人。

2009 年，我入党了！那一年我参加了庆祝中华人民共和国成立六十周年的国庆方阵。那时，我认为共产党员是能吃苦能挨累的，是要努力当标兵的。

毕业后，我走进了潞园，站上三尺讲台！在这里，我认识了一个个杰出的校友和身边的良师益友。发生在他们身上的故事，让我看到了更立体、更有生命力的共产党员，也让我再次肯定，他们就是我要努力成为的人。

2019 年中华人民共和国成立七十周年之际，我参加了通州区的百姓宣讲团，肩负的使命是将播撒红色火种的周文彬烈士和他建立的通州第一党支部介绍给更多的人。在准备讲稿时，我查阅校史资料，请教学校党总支孟洪峰副书记，一幅幅照片，一个个故事，彰显着革命者的执着与坚毅；一次次改稿，一次次填充，也一次次被烈士的故事所打动，革命英烈周文彬的形象就这样在我心中日益丰满高大起来，涤荡着我的心灵。我也更加迫切地想让通州的老百姓们知道，如今这片土地的安宁是周文彬和他的同志们抛洒热血拼出来的啊！

从排练到实地讲解，我讲了很多遍，但每一次都会忍不住哽咽。我最大的感触是，在战争年代为我们抛头颅洒热血的革命先烈，他们能这样义无反顾地为国家奉献和牺牲，是因为他们对这个国家深沉的爱和内心坚定的信仰。这种爱和信仰是我们宝贵的财富，也是激励我们不断前行的重要力量！

走在碧草葱葱、古树成荫的文彬路，沐浴着先辈奋进的阳光；走进党性教育基地，仰望先驱者的意气风发；站在周文彬雕像前，庄严地举起右手，重温入党誓词，不忘初心——在一次次活动的参与中，我明白，这就是共产党员！

共产党员周文彬，用年轻的生命，书写潞河红色传统，诠释生命的意义，浸润一代代潞河人的血脉，形成了潞河的精神底色。身为党员教师，我如何擦亮自己的人生底色，如何肩负潞河人的使命担当？唯有把个人命运同国家命运紧密联系在一起，在教育的热土上辛勤耕耘，将其精神内化于心，牢记党员教师的初心与使命、责任和担当，奋发有为，切实发挥共产党员的先锋模范作用，做“四有好老师”，做好“学生的引路人”！

青山忠骨　英雄不朽

——怀念、学习周文彬烈士

赵高召

回顾中国共产党百年的非凡奋斗历程，一代又一代中国共产党人顽强拼搏、不懈奋斗，涌现了一大批视死如归的革命烈士、一大批顽强奋斗的英雄人物。没有英雄先烈英勇献身，就没有我们现在幸福的生活；没有革命先烈义不容辞，就没有我们现在和平的环境；我们当追思英雄，传承中华红色文化。潞河中学也在纪念着一位为革命而牺牲的烈士，也在诉说着他的革命故事，他就是卓越的国际共产主义战士——周文彬。

周文彬（1908—1944），原名金成镐，1908 年 9 月 23 日生于朝鲜平安北道义州郡红南洞，由于其父金基昌参加朝鲜的反日国民运动被日军追捕，1914 年他们全家随父亲逃到中国，侨居通县（今北京市通州区）复兴庄，加入中国籍。自从在中国安家后，周文彬便在这块光辉的土地上生根发芽，立志用献血来保卫她，把中国人民的解放事业当成自己的事业，直至 1944 年光荣牺牲。他常说：世界上被压迫被剥削的人民，都是血肉相连的一家人，任何帝国主义都是我们的死对头。我到中国来打日本强盗，也是为朝鲜人民的解放。这充分表现了周文彬的伟大国际主义精神。

“云一村，树一村，此日一家作比邻，东风处处春。山招魂，水招魂，犹教人人长忆君，年深情更深。”这是 20 世纪 40 年代流传下来的一首诗，诗中表达的是冀东人民对周文彬烈士的深切怀念。周文彬牺牲后，冀东丰润县群众偷偷把他的遗体安葬在马头山下。新中国成立后，他的遗体被移至石家庄华北军区烈士陵园。母校潞河中学也在校园里建起了烈士纪念碑，树立起周文彬雕像，每逢清明，学生们都会在纪念碑前祭奠，到这里接受爱国主义传统教育。

深思方益远，谋定而后动。革命先烈为了崇高理想不懈奋斗、不畏牺牲的革命精神，给了我们深刻的教育，也不断激励我们继续不忘初心、牢记使命、砥砺前行。教师是人类文明的传承者，推动教育事业发展，培养具有健全人格的高素质人才，教师是关键。作为党员教师，在实际工作中更要有先进性意识、示范性意识和时代性意识。

首先，要有先进性意识。在新形势下，每一个党员教师都应当在教育工作中实践先进性要求，发挥先进性作用，树立先进性形象，淡泊名利、志存高远，全心全意为学生、家长和社会服务，时时处处要以身作则，保持先进性意识。

其次，要有示范性意识。如何在本职工作中体现先锋模范作用，党员教师要爱岗敬业、关爱学生；刻苦钻研、严谨笃学，用自己的模范带头作用给学生树立榜样，向优秀党员、英雄烈士学习。

再次，要有时代性意识。面对新形势，党员教师既要具有强烈的现代意识、竞争意识，又要具有强烈的忧患意识与创造意识；既要自觉地服从组织安排，遵纪守法，又要增强自主性和发挥能动作用，勇于创新、奋发进取，与时俱进。

2021 年正值中国共产党成立一百年，在这百年波澜壮阔的征程中，无数革命先烈以实现共产主义为理想，以解放劳苦大众为己任，以建设一个新社会为目标，抛头颅、洒热血，艰苦卓绝、前赴后继，谱写了共产党人无悔的奋斗篇章，为新中国建立做出了突出贡献。作为中国新一代党员青年教师，当前要努力地做好教学工作，同时要不断地学习，提高自身素质，学习党的政策，学习共产党员的先锋模范作用，在工作中认真理解和执行党的路线、方针和政策，不断适应新形势、新情况、新工作，牢固树立全心全意为人民服务的崇高思想，继承先烈们的革命基因，传承红色精神，坚定理想信念，不忘初心、牢记使命，切实担负起时代新人的新任务新使命，为中国特色社会主义事业的发展贡献智慧和力量！

做好红色精神的传承人

——学习和纪念周文彬烈士所感

许　南

作为潞河中学周文彬党支部的一名党员，我深感自豪，但同时也感受到了肩头沉甸甸的责任和使命。

初到潞园时，我不由得被这独特的校园美景所吸引，经常漫步其中。这份美景中，又处处彰显出深厚的历史底蕴和印记。这里有一幢幢以校友命名的古式建筑、一条条以前辈名字命名的甬路，还有时时提醒我们铭记历史的纪念碑和烈士墓。周文彬这个名字，一次又一次碰撞到我的思想深处。

来到通州大运河畔，面对着纪念通州第一个党支部的花岗岩雕塑时，我凝望着雕刻着庄严的中国共产党党旗和周文彬等潞河中学校友的群像，感慨万千，感到荣幸的同时也想到了传承；参观潞河校史馆，聆听周文彬等党员烈士的感人事迹时，我敬佩先辈们崇高的理想信仰和无畏不屈的精神；当我来到北京档案馆，参观李大钊革命活动档案史料展时，才领会到周文彬同志为什么会将李大钊同志作为自己的偶像，又怎样与同路人一起坚持自己的信仰和革命事业。

周文彬同志在潞河中学求学期间，接触到很多新文化运动的书籍和文章，特别是马克思主义思想，参加了李大钊同志领导的学生运动，并在通州建立了第一个党支部，领导革命斗争。但他并不只是做思想工作，而是深入革命斗争实践并领导了很多充满战斗力的斗争，例如领导了开滦工人大罢工和在敌占区开展抗日游击战，甚至建立军工厂，制造武器弹药，为冀东部队提供装备。最终他也是因为要掩护同志们和群众而壮烈牺牲。

深入了解周文彬同志的英雄事迹后，我又认真学习了很多党史知识，重温入党誓词，深化理想信念，感觉自己的灵魂又得到了升华。作为潞河校园里道德与法治学科的党员教师，我的责任还不够重大吗？不仅要传授知识，还要做好学生的引路人。我的阵地上虽然没有火炮，但同样责任重大，影响深远。领悟到这些，我对我的工作也有了更深刻的理解和更强劲的动力。我要进一步贯彻落实全国教育大会精神，明确“对标四个引路人，争做四有好老师，坚持四个相统一”的教育使命，即做“有理想信念、有道德情操、有扎实学识、有仁爱之心”的好老师；做学生锤炼品格的引路人、学习知识的引路人、创新思维的引路人、奉献祖国的引路人；坚持教书和育人相统一，坚持言传和身教相统一，坚持潜心问道和关注社会相统一，坚持学术自由和学术规范相统一，全力做好立德树人的教育工作。每当我在课堂上给同学们讲起通州第一党支部的建立史，讲起革命先烈的感人事迹，讲起我们新中国取得的伟大成就时，我都会不由得慷慨激昂起来，相信我们的潞园学子也会感受到那份传承的力量和信念吧！

第四编　红脉传承

中华今赋

高一 14 班　关育函

盖玄黄初分，五杂将沉，日月吐曜，以凝瑞祥之象；山泽傍走，方呈起伏之形。华夏之地，厚土如斯。其后千百载，江山迭代，豪才辈出。紫电青霜，炳耀孙刘雄霸；龙图龟书，始垂河洛之言。百工机巧，有云梯机弩之术，周密无际；发乎妙心，成司南蔡侯之名，传遗千年。

当属三世之幸，逢华夏盛世，前圣之未远，逐梦亦可期。时维今日，华章愈盛。乘鹏鲲之逍遥，临万丈访极渊；秉万户之遗志，造神舟游无垠。闾阎扑地，广厦万间蔽日；车马如织，流光千里未绝。古时贞观，今朝共和。

夫山河壮阔，奇珍琳琅，拥千城而带锦绣，披百川而坐九曲，何以镇？曰强国之师也。犹记彼时，联军肆虐，日寇欺凌，割地赔款以求和，阻击不得复叹惋。幸得强军兴邦之言，行以卓绝之道，故可见今日强国之师，震宵小畏惧，却恶寇惶退。守膏腴要害，护峻脉肥饶，威传四海，声遍宇内。

夫毛主席昔日之见，博民之所好，顺民之所望，行民之所思，以乡围城，贵民而得天下也。时维今日，党因时制宜，下基层，访民情，询民意，施以精准扶贫之策，救穷苦于水火，视万众以同仁。古有重徭厚税，民怨而国艰；今有扶贫济困，民富则国强。

外联邻邦，内施新策。彼互联网，凭虚以游四海，天涯咫尺；

方寸系及万品，掌中民生。古时急宣，朝发而暮至，犹可称道，而今不过须臾弹指矣。网络虽谓全球之势，尚有良莠之别。其利民所鉴也。观中华之市，依托互联而有延，无金可易物交货也。此之谓乘势创联，高远之见也。

军盛而民富足，文鸿而势不绝，当称盛世。

日暖风平，小楫南湖，熠熠水光。忆当年岁月，峥嵘激荡。国家危难，热血盈腔。烽火南昌，武装割据，万里长征亮剑芒。防倭寇，又长江飞渡，名震东方。龙吟四海高昂，闻滚滚春潮气势磅。赞复兴北斗，纵横天地。山开桥架，共赴安康。砥砺前行，百年风雨，兴复神州宏愿张。环天宇，此鸿途谁继，吾辈担当。

嗟夫！中华龙吟，响彻寰宇。鹰隼试翼，风尘翕张。惟愿中华以绍隆之功，永凝百福；乘新兴之业，端拱万春。并察盛衰之理，审权势之宜，去就有序，变化因时。则中华之盛，日久而长安。

我们的使命

高一 12 班　殷子琪

没有不可逾越的冬天，春天终将到来。

习近平主席曾说过：“在中华民族几千年绵延发展的历史长河中，爱国主义始终是激昂的主旋律。”每一个人都应该有着属于自己的爱国情怀。

如今，没有了古时的硝烟，告别了以往的饥寒，我们更需要一种具体而细微的方式来书写爱国情怀。血洒疆场是爱国，爱岗敬业是爱国，为国争光是爱国，诚实守信是爱国，文明友善是爱国，好好学习也是爱国。

爱国是一种值得坚守的责任，也是一种神圣的信仰。

从孟子的“达则兼济天下”，到顾炎武的“天下兴亡，匹夫有责”；从范仲淹的“先天下之忧而忧”，到陆放翁的“位卑未敢忘忧国”；从文天祥的“人生自古谁无死，留取丹心照汗青”，到林则徐的“苟利国家生死以，岂因祸福避趋之”，无一不体现了对国家的热爱，对国家的负责，对国家的敬畏。

爱国是一种热烈的情感，它藏于内心深处，居于所有情感之上。它是一种系紧的纽带，它是国家强盛的基石，它是一个民族挺立的信念。

爱国是一种精神支柱，也是一个亘古的誓言。

此次疫情爆发，那些守护在一线的医护人员，即使冒着生命危险，他们也不曾后悔；而我们的祖国面对疫情，也不退缩，每一个人都坚守自己的岗位，做好自己的事；从疫情数据来看，我们国家做出的成绩是有目共睹的。

有一种勇敢执着，叫作李兰娟院士，与其称之为院士，不如誉之为国士。女性本柔，遇事则刚，年过古稀，奔赴战场，“武汉封城”，深入“红区”落得满脸“皱纹”，却从不放弃；有一种坚持不懈，叫作钟南山院士，他亲赴第一线抗击病毒，不畏风雨，只管兼程。在他们心里，人民高于一切，生命重于泰山。鲁迅先生说过，我们自古以来，就有埋头苦干的人，有拼命硬干的人，有为民请命的人，有舍身求法的人……这些人奔赴在危险的一线，不畏生死，只为换来人民的幸福与安全，谢谢你们，正是有了你们，国家才是最好的国家，人民才是最幸福的人民。其实不管怎么样，这些都是爱国的体现，一个民族团结的体现。

国家面对疫情，担心的是百姓的健康，而外国很多地方，没有医疗保险就不能治病。这次疫情体现的是我们中国的强大，体现的是一个民族的团结、一个民族的复兴。在党的领导下，在国家的决策下，在全国人民众志成城、艰苦奋斗下，此次疫情得以控制。

“此生不悔入华夏，来世还做中国人。”网络上经常流传这些话语，抒写的是对祖国的热爱之情。我相信这也是每个中国人的意愿。

爱国情怀是立身之本，我们每一个人都应该有爱国情怀。

记住飘扬的国旗上绽放出来的鲜红，记住激昂的国歌中奏演出来的深情，记住先辈烈士们的艰苦换来的今天富饶美丽的祖国，记住每一个为国家奉献自己的力量的人。

爱国情怀是一个人对自己国家和人民所表现出来的深情大爱，是对国家富强、人民幸福所展现出来的理想追求，是对自己国家的一种高度认同感和归属感、责任感和使命感。

我们中学生应该不辜负这个时代，我们应该积极进取，与时代同频共振，拼搏进取；在最美好的年代里，背负着祖国的荣誉，把对国家的热爱变成日复一日的坚守，变成年复一年的追求。习近平主席还说过：“在社会主义核心价值观最深层、最根本、最永恒的是爱国主义。”

所以说，我们每一个人都应该有着浓厚的爱国情怀。

青春心向党

高二 3 班　李子游

我们走在青春的路上，沿途芬芳馥郁，先人指引着前方，我心向党。

——题记

拉开近代的帷幕，中国，是一个从黑暗走向光明，从被压迫到独立自主的国度。

上个世纪，在那个黑暗践踏着光明的旧社会，面对着帝国主义和封建主义的双重危机，中华民族从沉睡中觉醒。而 1921 年中国共产党的诞生，就如同沉沉暗夜里透出的一丝曙光，给囚牢中的中国人民照出了希望。“为中华民族之崛起”而奋斗的共产党人，克服千难万险——前有列强的侵略，后有国民党反动派的打压，他们毅然决然地站起来，不畏牺牲，走出了一条正确的、通向光明的道路。

战争年代，他们挺身而起，无畏生死。在潞河中学里，就有这样一位令人敬畏的英雄——周文彬先生。在 1927 年的白色恐怖下，他不顾个人安危，继续坚持党的秘密活动，先后发展了五六名党员，成立中共潞河中学支部并任支部书记。在动荡的年代里，他坚强果敢的心，是炽热的。当被日伪军包围，身处险境的时候，他又是沉着冷静地迅速组织转移突围，但在掩护其他同志时，不幸中弹，壮烈牺牲。我想，先人前辈赤诚的热血，足以撼动今人的心。

也正是怀着这样一颗热情、热血的心，中国共产党全心全意为人民服务。

新时代里，他们挑起大梁，走出风采。2020 年，一个悲哀又为之庆幸的一年。这一年里，疫情肆虐，痛苦不堪；这一年里，封城闭巷，寂寥不安；这一年里，脱贫攻坚，希望扬帆。一颗颗明星闪耀人海——患有渐冻症的张定宇院长那即使患病却依然挺直胸膛前进的背影，令人潸然泪下；早已八十高龄却奔赴一线，挽救了千千万万人民性命的钟南山院士，值得我们敬佩一生；深处大山却心怀天下，辗转几十年只为大山里的姑娘们能念上书改变命运的张桂梅同志，看着那缠满胶布、药味浓厚的双手，不禁令人心生感慨；为了脱贫攻坚事业而尽心尽力的每一位共产党人，都为中国的成就添上了浓墨重彩的一笔。这些，是党的成就，是我们的幸运，更是中国的骄傲！

中国走过风雨兼程的几十年，回首看看，哪一步不是党在指引着我们呢？那一颗明星一般的中国共产党，又引领了多少人前进的道路呢？

你我正青春，理应心向党。

崛起吧，少年！

高二5班　高鑫祎

中国共产党旗帜上那一抹鲜红始终飘荡在我的心中，怀揣着对中国共产党的向往，我加入了中国共青团，将热忱的爱留在心中！

小时候，妈妈总用雷锋的事迹来激励我做一个对国家有用的人，让我印象最深刻的是雷锋利用每天中午的休息时间到牛家屯帮助困难人家，教失学儿童识字。2017 年暑假，在老师和家长的支持下，我们组建了星火爱心志愿队，以流动图书的方式帮助两个男孩。其中一个男孩因为生病行动不便，为了让他多一些活动，我每次去他家时都会教他简笔画。今年寒假，从他家离开前我收到了一个特别的礼物，歪歪扭扭的线条在纸上勾勒出一大一小的两个身影，并不美观却很温馨。男孩小小的身躯蹒跚着向我走来，喊着“姐姐”，软糯的声音中夹杂着浓浓的不舍，与我初见他时那声怯怯生生的“姐姐”在我脑海中重叠。我扭过头，视线逐渐变得模糊……

“爱国”两个字并非口头空语，而是实际行动。现在的我还不能为国家做出巨大的贡献，但是我能尽我所能地去帮助更多需要帮助的人。心中有国，困难再大也无畏。

庚子鼠年，突如其来的疫情使人陷入恐慌。一声令下“党员先上”，党员的担当精神让人动容。无数党员和医护人员奔赴武汉，日均长达十多个小时穿戴医护用具，他们的脸上与鼻子上出现了深深的勒痕，他们说，“脸上被压得已经失去了知觉”；他们的手被汗液浸得发白，一次性医用手套紧紧贴在他们的皮肤上，与他们的血肉融为一体。让我的心揪得生疼，我们的党就是人们心中的定海神针。他们把国家的利益放在第一位，把自己的爱无私地献给祖国。

“少年强，则国强。”历史的接力棒已经传到我们的手上。中华民族伟大复兴的曙光已经灿烂地照临东方的地平线！“中国人民站起来了！”强有力的声音在中国上方飘荡。建党一百年即将到来，在此期间，涌现出一个个英雄，一个个感人的故事。向所有为中国贡献的人们致谢！向革命英雄致敬！我们用青春作桨，以梦想为帆，让青春之光照亮奋进前行之路！

“三十功名尘与土，八千里路云和月。”以单薄之躯投身祖国大地，以滚滚热血挥洒九州无疆。做一名心中有梦的共青团员，做一名合格的共产党后备军，心怀感恩，坚持党的领导，在新时代美丽中国绽放我们的风采！

为实现中国梦而读书

高一7班　张栩萌

“生是为中国，死是为中国”，党的百年述职报告中这样说；《觉醒年代》中李大钊与陈独秀在海河边庄严立誓相约建党，“我愿意，为之奋斗终生！”这是共产党人坚定的意志信念，是珍贵的共产党精神！

学习了三节党课之后，我对党的知识有了更深入的了解。在第一节课上，老师带我们回顾了中国共产党自建党以来带领人民走过的风雨兼程的一路，我深深地被共产党精神所感动。回想百年来如果没有这些坚定的共产党人，中国也不会有如今的伟大成就。在共产党的领导下，我们已经完成了“开天辟地”“改天换地”“翻天覆地”，相信在未来一定会顺利实现“惊天动地”！在第二次深入学习后，我深刻提升了信党、爱党的自觉性。发自内心地认同党、选择党，我坚信“没有共产党就没有新中国”，坚持中国共产党的领导是人民和历史的选择！第三次深入了解，老师从青年思想的角度，直面青少年思想引领的深层次问题，告诉我们这节课我们是代表青少年来听，我们要在未来讲好中国故事，坚定信仰信念。在东方和西方的制度碰撞下，国内的民生，国际形势，还有很多很多方面，无数的事实都坚定着我们爱社会主义的决心和信念。我了解到了很多，也深深地感受到了新时代新青年肩上的责任。

习近平总书记在党史学习教育动员大会上强调，全党同志要做到学史明理、学史增信、学史崇德、学史力行。学党史、悟思想、办实事、开新局，以昂扬姿态奋力开启全面建设社会主义现代化国家新征程，以优异成绩迎接建党一百周年。

学史明理，就是要弄明白中国共产党为什么“能”、马克思主义为什么“行”、中国特色社会主义为什么“好”的基本道理；学史增信，要坚定道路自信、理论自信、制度自信、文化自信；学史崇德，要崇尚时代精神、优秀党员品格和优秀群体精神；最后，学习党史，重在力行。

深入了解历史之后，我们更能感受到身上肩负的使命与责任担当、我们作为新时代的青年要完成的任务，学习新思想，争做新青年；青年应有梦，有自己的梦，同中国梦紧密连接的梦，不断经历积累自己，学习知识丰富自己，为实现中华民族的伟大复兴贡献出自己的力量！

习总书记曾说：新时代中国青年要以实现中华民族伟大复兴为己任，不辜负党的期望、人民期待、民族重托，不辜负我们这个伟大时代；青年是祖国的未来、民族的希望，也是我们党的未来和希望。周总理曾说为中华之崛起而读书，我想，我们应为实现中国梦而读书！

胸怀使命　红心向党

高一3班　魏　薇

如果党史是一本书，那这本书太小，装不下所有为中国发展做出贡献的人；这本书也太大，可以装下中国共产党奋斗的丰功伟绩。

——题记

一百年前，肩负着中华民族伟大使命的人民先锋队——中国共产党诞生了。时光飞逝，伟大的党已经走过了一百个春秋。从百年前的开天辟地到新时代的伟大复兴，始终不变的是中国共产党的先锋队的性质：全心全意为人民服务。直到今天，中国共产党依然高擎着镰刀锤头，带领中华儿女奋勇向前。

在中国共产党成立一百周年之际，潞河中学第三十二期党校开班了，我有幸成为学生党校的学员。在学习过程中，我对党的历史及其理论实践知识有了更深入的了解，我更加迫切地想要成为担当民族复兴重任的时代新人。

在潞河校史馆，闪耀着一长串鲜明的红色印记，其中就有通州第一个党支部的建立。1927 年，在中国革命最艰难的时刻，通州第一个党支部在潞河中学成立，由高二学生周文彬担任支部书记。当时，正是蒋介石发动“四一二”反革命政变之际，在那种白色恐怖下，周文彬和第一党支部成员依然坚定地和人民站在一起，同国民党反动派进行坚决的斗争——开办平民夜校，宣传共产主义思想。第一个党支部的成立，拉开了通州红色革命的序幕，使中国共产党的主张，逐渐在通州乃至京东的广大地区传播开来。

今天，走在百年潞河的校园里，我时时刻刻都可以感受到浓浓的红色气息。这红色的气息，让我认识到我们享有的国泰民安的岁月来之不易。国家富强，人民幸福，中华大地百花齐放。但是，每一朵花的灿烂绽放都离不开中国共产党的领导。就在去年，我国全面建成小康社会的蓝图终于粗具规模，在紧紧依靠人民的基础上，精准扶贫取得了丰硕的成果。

回顾中国共产党的光辉历史，新一代的我们无不肃然起敬。士不可以不弘毅，青少年是祖国的未来、民族的希望，作为新时代的青少年，我们要传承周文彬学长的红色基因，接过上一代传给我们的火炬，志存高远，脚踏实地，肩负起中华民族伟大复兴的历史使命，在实现中华民族伟大复兴的中国梦中书写人生华章。

忆往昔峥嵘岁月稠，看今朝旖旎风光秀。今天，我们在中国共产党为我们撑起的蓝天下幸福成长；明天，我们将把中国共产党的奋斗故事演绎得更加辉煌。

青春心向党

高二6班　冯博鉴

又是一年五四时。

从历史中走来，泱泱华夏，铸就了一代又一代的优秀青年。青年是生命力的体现，是国家的基石，是时代的支柱。习近平总书记鼓励广大青年“纪念五四运动，发扬五四精神，立鸿鹄志，做奋斗者，让爱国主义精神牢牢扎根，发扬光大，青年一代必将大有可为，也必将大有作为”。

1840年，一颗炮弹从海面上呼啸而来，轰然中震醒了天朝上国的美梦，拉开了百年黑暗的序幕。破败的清朝贵族陷人民于水火之中，使人们颠沛流离不得温饱。于是，1921年的一个夏日，中国共产党诞生了，仿佛一道曙光划破黑暗的长空。在中华民族生死存亡的紧急关头，她挺身而出，带领着千百万革命志士，用燎原的星火唤醒了四万万人民大众。

人心惶惶而自顾不暇的乱世里，陈独秀、李大钊以一介书生之躯，挥扬起“科学”“新文化”的旗帜，掀起新文学的热潮，开始了共产主义的启蒙，促成了中国共产党的诞生……山河破碎之际，共产党人前赴后继，让革命的熊熊烈焰在神州大地上燃起。正是他们，用血肉书写民族觉醒的最强篇章。付出了无数的鲜血与生命，中国共产党取得了革命的伟大胜利。天安门城楼上庄严的宣告响彻大江南北，整个世界都为之而震惊。

岁月如梭，党的光荣传统和优良作风始终传承下来。孔繁森等优秀党员的事迹一次次感动了我。在和平年代，没有战争，没有硝烟，他们的身影出自此刻最艰苦或最平凡的岗位上，把自己的宝贵青春和满腔热血奉献给了祖国和人民。岁月的长河最后汇入了21世纪的洪流，应对着错综复杂的国际局势，应对着日趋激烈的国力竞争，党任重而道远。在前进的道路上还面临着许多矛盾和问题，我们与西方发达国家在很多方面还存在着距离。我们青年一代更应该心怀梦想，坚定信仰，用马列主义武装自己的头脑，坚定不移地跟着党的脚步前行。我们应把这交付于我们手中的祖国带向更加昌盛富强的时代，创造历史的另一个辉煌！

智者不惑，仁者不忧，勇者不惧。这是中华精神，更是五四精神。这种精神如酒浓烈醇厚，流淌在每一位青年的血肉中；如字铁画银钩，刻印在每一位青年的骨髓中。

无悔青春心向党　千里棉海献终身

高二8班　玛依拉

我的家乡——新疆阿图什，是一个美丽富饶的城市，被誉为“无花果之乡”。记得有次爷爷在丰收的果园欣慰地捧起地上的泥土，激动地对我说：“孩子，几年前这里还是一片戈壁呢，要不是国家的帮助扶持、党员干部的无私奉献，我们怎么能有这么丰硕的果园，又怎么能富起来啊!”

今天，就由我来给大家介绍一位优秀党员的故事，他的事迹在沙漠戈壁里回响，在天山、昆仑山巅缭绕，在南疆人民口中传颂。他就是被称为“真正为农民利益着想的科技人员”娄春恒。

娄春恒长期在新疆从事棉花科研工作，他正派清廉，从不接受基层干部捐的任何财物。1973年的一个夏天，他在荒地蹲点，看到渠水上游漂下来一个东西，定睛一看，惊呼：“不好，是个孩子!”他毫不犹豫地把自行车一甩，不顾自身安危纵身跳入湍急的渠水中，最终救下了这个年仅六岁的小姑娘阿依努尔。他还亲自为刚刚高中毕业的吾斯曼教授汉语，为孤寡聋人阿不都克然木捐衣捐物，资助现金……多少年来，娄春恒为素不相识的农民办过无数实事、好事。

1969年，娄春恒的母亲因病在老家去世，那时他刚来新疆没几年，由于交通不便，没有来得及奔丧，他深感内疚。可是，到了1993年底，传来了远在河南老家九十岁的老父亲病重的消息，他父亲握着电话说道：“人活百岁心不甘，只想和春恒见一面啊。”娄春恒听后，悲恸欲绝，泪如泉涌，但为了工作，他不能请假奔丧。

由于常年超负荷工作，加之南疆的风沙大，生活苦，使他积劳成疾。2002 年 11 月，他被确诊为间质性肺炎，却以“等忙过这阵子再说”而推托，依然奔波在棉田，风里雨里没有节假日。

2005 年 1 月 9 日，娄春恒因病情危重离我们远去。但是，直到生命的最后一刻，他都没有丢弃过自己的党员责任，没有放弃自己的信念，他的精神、他的人格魅力永远激励我们向前！

娄春恒常说：“只有千方百计帮助群众脱贫致富，才是人民群众心目中的农业科技人员形象。”他长期在南疆地区工作，以自己的实际行动维护各民族的大团结。在他逝世以后，他被自治区党委追认为“自治区模范共产党员”。

娄春恒虽然离我们远去，但他的精神长存，他永生在南疆这片沃土，永生在浩荡无垠的千里棉海，永生在千万棉农心中。

青春之花在奋斗中绽放

高一3班　尹　好

潞河中学学生党校开班了！作为幸运的本年度第一期学员，我们认真学习领会习近平总书记对青年一代的重要要求和殷切期望，立大志、明大德、成大才、担大任，努力成为堪当民族复兴重任的时代新人。

在党课学习中，我们观看了《觉醒年代》的片段，回家后，我迫不及待地抽时间观看了整部连续剧。剧中有李大钊、陈独秀、周树人等一辈唤起民众觉醒和探索中国出路的先驱者，也有陈延年、陈乔年等一辈追求真理的革命青年。全剧生动而深刻地揭示了一个主题，那就是：马克思主义与中国工人运动相结合和中国共产党建立的历史必然性。它也鲜明地告诉我们，只有社会主义才能救中国。

这部电视连续剧，像一个善讲故事的老人，将百年前的中国革命历程，用一个个生动的情节展示在我们面前。在那里，我看到陈独秀与李大钊一道，积极为马克思主义的启蒙东西奔走。最后，在共产国际的帮助下，建立了中国共产党。陈独秀是中国共产党的主要创始人和早期领导者，为中国的早期革命做出了重大贡献。他还为中国革命献出了两个优秀的儿子陈延年和陈乔年。当看到陈延年和陈乔年奔赴刑场慷慨赴死的时候，眼泪不由得落下。“血水里开出的花，凋零在最美好的年纪。”屏幕上，陈独秀送两个儿子陈延年、陈乔年前往法国勤工俭学，两个阳光少年正满怀憧憬拥抱新生活。

这时，镜头切换，转到了上海龙华警备司令部，是两位志士戴着镣铐、踏着血水、唱着《国际歌》走向刑场的画面。二十九岁的陈延年宁死不跪，站着被刽子手乱刀砍死。一年后，二十六岁的陈乔年也宁死不屈，被反动派残忍杀害。就义前，他曾慷慨陈词：“让我们的子孙后代享受前人披荆斩棘的幸福吧！”

今天，我们正享受着他们用生命换来的幸福。我们要把他们当作楷模，要从烈士的身上汲取真理的力量，感染爱国的热情，好好学习，为国家富强贡献出自己的力量。共产党人的使命就是要带领人民，实现两个百年的目标，就是要实现中华民族的伟大复兴。新中国刚刚成立不久，为了给全国人民撑起一把强有力的核保护伞，无数知识分子和普通建设者，在党的领导下走向大漠戈壁，隐姓埋名默默地奉献牺牲，完成了两弹一星工程。我作为新时代的中国青年，要以革命前辈为榜样，坚守初心，牢记使命。生活在当代的幸福社会，我们要克服畏难情绪，认真学习并牢记习近平总书记的重要讲话精神，做一个有理想、有本领、有担当的新时代中国青年，让青春之花在奋斗中绽放。

缅怀革命先烈　继承红色基因

高二 13 班　尹唐博

今年是农历辛丑年，也是中国共产党的百年华诞。从 1921 年开天辟地的中国共产党成立，到改天换地的新中国诞生，再到翻天覆地的改革开放，又到“十四五”时期开启全面建设社会主义现代化国家的新征程——百年岁月峥嵘，中国共产党带领中国人民砥砺奋进，从胜利走向胜利。

百年征程波澜壮阔，百年大党风华正茂。让我们于百年党史学习中汲取奋进的力量，让我们循着前辈的足迹，循着无数优秀党员的足迹去了解我党波澜壮阔的历史。潞河这片土地上成长了我党一位杰出的党员干部——周文彬先生。他原名金成镐，十八岁加入中国共产党，后在潞河建立了通州历史上第一个党支部。他领导开滦五矿三万五千名矿工坚持了五十天同盟大罢工，在他的动员影响下，先后有七千多起义工人参加抗日联军，为抗日斗争输送了坚强的战士，在中国树立了一面城市产业工人武装起义参加抗日的光辉旗帜。他多年战斗在冀东，坚持抗日游击战争，建立了冀东第一个联合县委和县政权。他，是潞河学子前行路上永远的丰碑，值得我们永远怀念。

百年潞河，钟灵毓秀，人才辈出，在众多优秀校友中，有位辛德惠院士，他是著名土壤学家、农业科学家和教育家，1999 年在工作途中突发疾病。“以身许国，何事不可为？以身许国，何事不敢为?”他为脚下的黄土和肩上的家国奉献了一生。为了纪念他，也为了鞭策我们潞河学子，学校以他的名字命名我们的班级。作为“辛德惠班”的一员，我们倍感骄傲和自豪。

百年来，我们的前辈学长和无数优秀的共产党员，为了祖国奉献、牺牲。无论周文彬学长还是辛德惠学长，他们的一生都是为中国革命事业执着奋斗的一生，是为国家发展鞠躬尽瘁的一生。桃花红雨英雄血，碧海丹霞志士心。希望所有潞河学子不忘历史，缅怀先烈。让我们在烈士的事迹中汲取前行的力量，让潞河的红色精神薪火相传。

我们每天行走在文彬路上，应该思考自己的责任与担当。让我们沿着学长们的爱国足迹，用行动书写对祖国的赤诚，努力成为祖国的建设者、先辈们的接班人，为中华民族的伟大复兴，贡献出自己的一份力量。愿所有潞河人向阳而生，向党而行，永怀赤子之心!

把泪焦桐成雨

高二 16 班　李嘉睿

“魂飞万里，盼归来，此水此山此地。百姓谁不爱好官？把泪焦桐成雨。”这是习近平总书记 1990 年发表在《福州晚报》上的一首《念奴娇·追思焦裕禄》。当时霁月如银，将无限的追思送回到了 1962 年的兰考。

一大早，大家知道新来的县委书记焦裕禄时，他已经下到乡里考察了。这位县委书记不一般啊。看到了光秃秃的沙丘，他便想在此会有一片茂盛的绿林；见到白色的盐碱地，在他眼里也将会是一片青葱。艰难的兰考，似乎在他乐观的眼里是那么充满希望。他心里一直有着信念，这是党交给他的任务，他要带领兰考人民开创一片新天地！

就是凭着这样的希望、这样的信仰，焦裕禄踏上了治理兰考三害的漫漫长路。他注重科学求实，走遍全县一百二十个生产队进行调研。有一次下了七天七夜的大雨，整个兰考变作一片汪洋。而焦裕禄同志为了获得一手的洪水资料，撑着雨伞拄着棍，顶着阵阵肝痛，走到了大队的第一线，绘制了一张张流向图；为了观察，焦裕禄常常和同志们蹲在田里吃饭休息，整个人全身沾满泥水。

他亲民爱民，将兰考的老百姓当成自己的家人。冬日寒风凛冽，在一户贫农家中，焦裕禄坐在床头，对两位老人问寒问饥。老爷爷问焦裕禄是谁，他饱含深情地说：“我是您的儿子！”是啊！焦裕禄同志是兰考人民的好儿子，更是党的好儿子！

可是，就是这样一位关心群众、刻苦工作的好干部，他的眼光那么无私与乐观，以至于忽略了他认为渺小的个人。1964 年 5 月 14 日，这位人民的好儿子在过度劳累后病情恶化，将生命永远定格在四十二岁。在焦裕禄生命的最后一刻，他曾叮嘱：“活着我没有治好沙丘，死了也要看着你们把沙丘治好！”

放眼今日兰考，旧貌换新颜，成了焦书记眼中的模样。当年种下的一片片泡桐树早已郁郁葱葱，它们有一个感人的名字叫作“焦桐”。“路漫漫其修远兮，两袖清风来去，为官一任，造福一方，遂了平生意。”斯人已去，但他亲民爱民、科学求实、迎难而上的精神永存于世。当微风袭来，就让翕动的树叶带去我们新一代的告慰：“这图景，如您所想；这盛世，如您所愿！”

赓续红色血脉　担当时代责任

高二 18 班　图合妮姆

“我和我的祖国，一刻也不能分割”，每次听到这首充斥着激昂的爱国情怀的歌曲，我内心便激荡起祖国这七十年来经历的风雨。这七十年来，为了探索复兴之路，无数仁人志士不屈不挠，前仆后继，书写了一部部可歌可泣的奋斗史。我国在社会主义建设的过程中，虽然经历了困难曲折，但中国共产党在社会主义革命和新时代的建设中取得了巨大成就。在这社会主义革命和建设中，中华民族的精神也提升到了一个新的水平。在这高速发展的时代，我们迎来了中华人民共和国七十周年的诞辰。这七十年的风雨里，中华民族经历了铁与血的洗礼，被无数英烈鲜血染红的旗帜，再次树立在这片养育我们的土地上。在党的带领下，中国人民再一次屹立于世界之巅，中国人民从此站起来了。

改革开放四十多年来，中国共产党引领中国人民绘就了一幅波澜壮阔、气势恢宏的历史画卷，谱写了一曲惊天动地、气壮山河的奋斗赞歌。党是改革开放伟大奇迹的创造者，是推动改革开放的力量源泉。改革开放四十多年来，我们的生活日渐变好，中国人民迎来了从温饱不足到小康富裕的伟大飞跃，在中国共产党与人民群众的共同努力下，十几亿人的温饱问题得到了解决，每一个孩子都有学上，有书读，有了冲出山村走向世界的梦想。

我是一名来自新疆偏僻县城的内高学子，在这十几年来我见证了家乡各个方面的变化。这十几年来，我接受了最好的教育，享受着党和国家的优良政策。我们所处的这个新时代，是承前启后，继往开来，在新的历史条件下继续取得中国特色社会主义伟大胜利的新时代！

我也是一名潞河学子，我为自己是一名潞河人而骄傲，这里流淌着革命的血脉。在一片苍松翠柏环绕间是革命烈士纪念碑，这里祭奠着为革命而牺牲的烈士，也在诉说着潞河中学的革命故事。通州历史上第一个中共党支部于潞河中学内成立，也是在这里，通州大地的红色革命序幕正式拉开。深思方益远，谋定而后动，我们将不忘初心、牢记使命，将革命铭记于心、实践于行。

我们这一代青年要从点滴做起，为社会，为国家建设做出贡献，作为新一代的中国青年，我为自己的祖国感到自豪与骄傲！

红心永向党

高二1班　李嘉榕

“没有共产党就没有新中国。”

——题记

每每想到7月，总有一番独特的风景。江南，一个如诗如画的地方。南湖上的一叶小船，承载了一份特殊的使命。然而就在这烟雨江南，水波轻漾的南湖，十二双手翻开了中国历史崭新的一页——中国共产党诞生了。它宛如黑暗中的一盏明灯，点亮了中国人民前行的道路。鲜红的旗帜上一把镰刀和铁锤似的图案便是党的旗帜。它凝聚了多少人的鲜血与汗水，多少中国共产党人铿锵的誓言。

回眸党的历程，它是艰辛的，是坎坷不平的。同样是时光的道路，那段光阴却是洒满了鲜血——

红军的二万五千里长征，爬雪山，过草地，铁索桥锁链吱吱呀呀的声响，诉说着往日的艰辛；十五岁的刘胡兰，面对敌人狰狞的面孔、寒光闪闪的刀，她坚毅地喊出：“怕死就不当共产党员！”还有监狱中的叶挺，尽管敌人百般诱惑，他却轻蔑地说：“人的身躯怎么能从狗洞中爬出！”多少像他们一样的华夏儿女，为了争取民族的自由和人民的解放，抛却头颅，洒尽鲜血，奏响了一曲曲英雄凯歌！那个腥风血雨的年代，那些峥嵘的岁月，怎么会忘怀，恍若已经深深地铭刻在脑海中，永远不会褪去。

没有共产党，就没有新中国。二十八年的浴血奋战，换来 1949 年崭新的中华人民共和国横空出世！东方的雄鸡，开始惊天震地。而今天，中华民族燃烧了整整一个世纪的复兴之梦，获得了更加坚实的基础。

从 2006 年青藏铁路全线建成通车，到 2007 年我国首次探月工程取得圆满成功；从 2008 年的奥运会，到 2009 年 10 月 1 日在天安门广场举行的盛大阅兵仪式；从 2010 年亚运会在中国举行，到 2011 年的“天宫一号”发射成功……华夏儿女的成绩赫然可见！而这一切，如果没有共产党的领导，也许就不会出现，甚至中国这颗明珠，还被层层烟雾所覆盖。

回首革命路程，无数革命先烈前仆后继，奉献了宝贵的生命，其中最令我记忆深刻的便是左权同志了。左权是黄埔军校一期学生，是中国工农红军和八路军高级将领，无产阶级革命家、军事家。1936 年，他担任红一军团代理军团长，率部西征并参与指挥山城堡战役。抗日战争爆发后，他协助指挥八路军开赴华北抗日前线，粉碎日伪军“扫荡”，发展壮大人民武装力量，取得了百团大战等许多战役、战斗的胜利。1942 年 5 月，日军对太行抗日根据地发动大“扫荡”，左权指挥部队掩护中共中央北方局和八路军总部等机关突围转移，不幸牺牲，年仅三十七岁。牺牲后，延安和太行山根据地为其举行追悼会，并改辽县为左权县。他不仅是一个好的革命同志，还是一个好父亲。但他却与自己的女儿不曾见过几次面，为了革命事业，他把全部精力乃至生命都奉献出去，但我仍然觉得，这是一个心有大爱的伟大父亲啊！

榜样的力量是无穷的。红心永向党，做党的接班人！

铭记历史，迎接挑战

高一3班　刘怀玉

历史犹如一条河，流出中华民族多少沧桑变化；历史犹如一阵风，吹走祖国山河多少悲痛屈辱；历史犹如一首歌，唱出中华儿女多少英雄赞歌……

在中华民族漫长的历史长河中，我们有过欢欣，有过悲痛。我们无法忘记那一段段中华英雄儿女为保卫家园而抛头颅、洒热血的历史。特别是20世纪的抗日战争，令我们刻骨铭心。铭记历史，不是要记住仇恨，而是要在历史中找到我们中华民族的伟大的精神支柱，从而更好地去迎接未来的挑战。

铭记历史，铭记那些保家卫国的战斗英雄。

当年，日本关东军侵华战争的战火席卷全国。为保卫国家安全，无数仁人志士，抛头颅，洒热血，为这片亲爱的土地献出了自己宝贵的生命，他们都是民族的英雄。他们勇挑重担、誓死保卫祖国家园的伟大爱国主义精神永远值得我们铭记，他们不畏艰险、不怕牺牲的大无畏精神永远值得我们铭记……

铭记历史，铭记那些舍家救国的中华儿女。

日本侵华战争打响的时候，中国共产党联合全国各界建立了抗日民族统一战线；在这场民族解放战争中，开辟的敌后战场更是发挥了顶梁柱的作用。毛主席发表的《论持久战》更是鼓舞了抗日军民的士气，让侵略者陷入了人民战争的汪洋大海中。抗战十多年，中华儿女万众一心、全力护国的团结精神永远值得我们铭记，他们舍小家、为大家的无私奉献精神永远值得我们铭记……

铭记历史，铭记那些无比伟大的民族精神。

中华民族在历史的长河中生生不息。一次次承受屈辱，一次次面对灾难；一次次抵御外侮，一次次战胜困难。伟大的民族精神是我们中华民族的强大动力和坚实支柱。回望过去，历史的车轮滚滚向前。我们铭记那一段段历史，一次次感受中华民族的伟大精神力量。铭记中华民族伟大精神，让我们更有信心和勇气去面对充满挑战的未来。

当今世界，和平已经成为时代的主题，但是我们依然面临很多挑战。国际上，以美国为首的西方资本主义国家对我们围追堵截。美国的航母编队时不时到南海来耀武扬威，试图挑起我国与南海各国争端。他们还企图通过经济制裁、科技封锁和政治打压等手段阻止我国和平崛起。在国内，我们要巩固脱贫攻坚战的成果，全面推进生态保护和建设，进一步深化改革和促进科技创新，开发利用海洋和太空资源，还要全面战胜新冠肺炎疫情……这一系列的“战争”都是我们面临的重大挑战。

要打赢这一场场没有硝烟的战争，我们要铭记革命先辈们的伟大精神，迎难而上，不畏艰险，无私奉献。作为新时代的青年，更应该时刻铭记我们中华民族的伟大精神。在大变革的时代浪潮中乘万里风，破万里浪。用我们更加坚定的信心和坚毅的步伐，走向更加美好的明天！

心中有党　目中有光

高一 6 班　刘国梁

一百年前，十几颗小小的火种，燃烧在清波荡漾的湖心。在那湖心小小的红色摇篮里，孕育着处于水深火热之中的中国的希望——中国共产党。

在这百年航程之中，中国共产党经历了太多的磨炼，但凭借着“生是为中国，死是为中国”的坚定信念，党带领中国，带领中国人民，带领中华民族从站起来、富起来再到强起来，并一步步走向发展，走向强盛，走向世界！

航程百年，1921 年启航的小红船，一路劈波斩浪，由小变大，由弱变强，现如今已成长为世界级的航母；当年区区五十多人的队伍，化身为九千多万党员的执政党，推翻了三座大山，成立了中华人民共和国，带领着当家作主的中国人民，豪迈地走进社会主义新时代。人口数量从四万万，发展到拥有十四亿人口的泱泱大国。

航程百年，从“东亚病夫”走向体育强国，中国的体育事业得到更多的重视，无数的运动健儿为国出征，带出去了国威，带回来了国荣。人民健康水平日益提高，中国人民的平均寿命，由解放初四十多岁增长到现在的七十八岁。至此，“东亚病夫”帽子被扔到了大西洋中。

航程百年，科技的力量，让中国神话变成现实，上天潜海，前人敢想，后人敢干，从东方红卫星独自绽放到太空航天飞船百花齐放，从长江上的一叶扁舟到万米海下的蛟龙，中华民族不愧为伟大的民族。

航程百年，英烈们前赴后继流血牺牲，为中国夺回大好河山。他们没有先进的武器，也没有坚固的盔甲，但他们有着满腔的爱国之志，因为身后有国家和人民，他们未曾退后半步。而如今，中华大地仍旧神圣不可侵犯，无论是高寒缺氧的冰原，还是四顾茫然的孤岛，戍边战士们都无怨无悔，他们守护的不是界碑，而是先烈们的遗愿。

航程百年，九百六十万平方公里的热土，尽是金山银山，释放出迷人的青春，盛开着灿烂的鲜花，处处蓬勃着盎然的生机，人人绽放着幸福的笑脸。

航程百年，从当初的闭关锁国，到如今的改革开放，从故步自封到与一百八十个国家和地区建交，中国早已不再是那个近乎被瓜分殆尽的国家，而是成为把爱与和平遍布世界各地的国度。

航程百年，从积贫积弱的国家，走向繁荣富强，勇于挑战敢于改革，做到从中国制造到中国智造，鏖战七十多年，以经济总量世界第二的战绩，傲立于世界民族之林。

航程百年，伟大光荣正确的中国共产党，始终秉承初心矢志不渝，用铁锤的坚定镰刀的锋芒，继续引领中华民族，描绘民族复兴的壮丽画卷。

吾辈有幸生于今日之中华，享受如此岁月静好，是因为有伟大的中国共产党。为实现全人类共享和平，最终实现共产主义的伟大目标，我辈定然义不容辞！

强信念，跟党走

高一15班　王骏一

你相信共产党的领导，相信没有共产党就没有新中国吗？想必你都会毫不犹豫地点点头，没错，这是毋庸置疑的。但是如果让你讲一讲，用讲故事的话语来讲明白中国共产党为什么行，你讲得明白吗？习总书记在党的十八大以来反复强调“讲好中国故事”，共产党的奋斗历程也是中国故事的一种，讲好党的故事，让自己和他人更加相信党，更加爱护党，更加向往党，也成为党的追随者或成为党的一员。

那故事该怎么讲呢，我在这里只是给大家讲几个事例，具体怎么讲是由你自己来表达的。

从头来讲，五四运动是旧民主主义革命和新民主主义革命的转折点。但是，中国在五四运动前打了五战，想必大家也都知道，这五战全输了，不是清军就是国军，因为他们没有把全民族组织起来，所以每一战不得民心，自然大败而归。而五四运动后，中国赢了五战。这是因为什么那也是不言而喻的。

接下来说抗战，总有人说国民党在抗战中有很大作用，其实不然，首先就对日宣战来说，共产党在日军开始侵略时就对日宣战了，但国民党是在日军偷袭珍珠港后，才对日宣战，从这一点就能看出国民党根本没有坚定不移去抗日。接着说，有调查结果显示，抗战时丢失的国土全是由国民党丢的，收回的国土全是由共产党收回的，足可见谁是为了拯救这个国家。

还有，蒋介石在抗战期间签订了四轮投降协议，且拒绝抗日，他手下的将领但凡有想抗日的，都会被他阻止，还会被加害，这就导致国军无人抗日，每次战争都战败并且整建制地投降当伪军，更可恨的是，日军文献中说明，伪军的军饷都是蒋介石发的，可见国民党的抗战态度有多恶劣。而抗战期间有四分之三的战斗和共产党有关，最终共产党完成统一建立新中国也是一定的。

新中国成立后，中国共产党也通过不断的试错、不断的发展建立起了这个具有很大优势的政治制度。有三条标准来评判一个政治制度，一是一个国家有没有代表人民整体利益的政党；二是一个国家是否有足够的改革能力；三是一个国家的决策力和执行力，想必你们找不出比中国特色社会主义制度更符合的了。这个制度的形成也少不了共产党的努力。

党的故事很多很多，每一个都会让你热泪盈眶并且深深记住。看完这些，想必你已经深刻地认识到了中国共产党的伟大，你也能讲出党的故事了。讲这些故事，目的就是让你提高信党爱党的自觉性，坚定不移地拥护党的领导。做到强信念，跟党走。强信念，跟党走！

党与人民

高一 16 班　翟王宇轩

1921 年的一个平静的夜晚，皎洁的月光映照在一艘小船上，几位朝气蓬勃的年轻人举起右拳，庄严宣誓："全世界无产者，联合起来！"——从此，中国人民有了革命的主心骨"中国共产党"。中国共产党从一开始便与人民紧密联系在一起，并为人民幸福、民族复兴而矢志不渝。

从抗日战争来看，国民党的军队在正面战场上节节败退，部队整建制整建制地投降；但共产党的军队在敌后战场上势如破竹，百团大战，麻雀战，地雷战……人民群众积极参与战斗，为抗日战争的胜利做出了不可磨灭的贡献。从解放战争来看，国民党的军队不得民心，通货膨胀物价飞涨，海军部队倒戈卸甲，民众怨声载道；而共产党的胜利则是由"民众用小推车推出来的"。这是因为共产党是为了人民利益而存在的，共产党深得民心，一切为了人民，一切依靠人民。

从仍未结束的抗疫来看，以美国为首的西方资本主义国家，他们无视人民群众健康，将人民群众置于新冠的威胁之下；他们没有"集中力量办大事"的制度优势，以至于在疫情最严峻的时刻还在为"是否采取封锁隔离措施"而争吵不休；他们习惯把一切政治化，"是否戴口罩"居然成了政党之间争论的问题。而我国，在中国共产党的领导下，坚持以人民为中心的发展理念，十天建成火神山医院，一百天之内武汉解封，GDP 水平全球唯一正增长……这是因为中国共产党发挥着统筹全局、协调各方的作用，中国共产党始终不会忘记自己的初心与使命。

到了如今，“共产主义终结论”“颜色革命”“体制问题”等一系列莫须有的罪名向我们袭来。有人说：“中国共产党一定会像苏联共产党一样陨灭于历史长河中。”但毛主席早在“窑洞对”中就给出了答案：“我们已经找到了跳出历史循环的办法，那就是民主。”境外势力故意割裂党与人民的关系，但事实大于雄辩，这样的势力早就被民众所唾弃。有的媒体甚至编造谎言，隐瞒真相，但我们身正不怕影子斜，世界人民终究会撕破它的伪装，认清真相与事实。

习总书记曾说：“我们比任何时刻都更接近于中华民族伟大复兴。”现在，时代的重任落到我们肩上，我们每个人都应当为中华民族伟大复兴而不断奋斗。如果我是一颗螺丝钉，我就要为社会这个机器的运转提供自己的一份力量；如果我是一粒种子，我就要生根发芽，焕发出勃勃生气；如果我是一盏灯泡，我就要照亮自己，也照亮别人。

我们要永远学党史，增信念，跟党走，在党的领导下，为中华民族伟大复兴做出自己的一份贡献！为构建人类命运共同体贡献出自己的一份力量！

党是我的导航灯

高一 7 班　木尼热

党是我的导航灯，党是我的荣耀！没有共产党，就没有新中国！

有句话说得好："青少年是祖国的花朵。"自新中国成立以来，我们伟大的祖国发生了翻天覆地的变化。祖国在变化，我的家庭也在变化，我的童年也随之变化。

一百年来，中国由衰败变得强盛，中国人民用自己的双手改变中国。我是中国人，要坚强，要勇敢。所以，中国在变，家乡在变，我也在变。我由弱小变得坚强，我用自己坚定的信念克服了成长中遇到的困难。

小时候，妈妈时常把我搂在怀里，靠在妈妈的肩膀上，在简陋的屋檐下，听她讲述着祖国的光辉历史。王二小、黄继光、邱少云等革命先烈的光辉事迹镌刻在我的内心深处，他们所代表的党的形象时时震撼着我的心灵，给予我奋进的力量。

五年前，我家境十分贫苦。那个时候，我姐姐还在农村老家艰苦地读书，我在厦门与爸爸妈妈挤在一张小小的床上。一间二十来平方米的小屋，外面是坑坑洼洼的水泥地，是一条臭水沟。可是五年后，伟大的党扶贫攻坚的政策让我们农民有了温馨的家。渐渐地，厦门发展飞快——海水干净多了，鼓浪屿漂亮多了，大桥多了，隧道多了……现在，厦门有了 BRT，有了一座又一座的大桥，还有翔安隧道……我们家也彻底来了一次大变化，家境好转不少，我们在厦门有了自己的房子，姐姐也来到了厦门读书。

党的光辉，让我在童年感到了无比的幸福；党的光辉，给我的童年增添了无限的乐趣；党的光辉，让我的童年有滋有味；党的光辉，让我在童年生活中时刻感到惊喜；党的光辉，让我在童年中感到安慰。共产党所带领的少先队，是我在童年时期思想走向进步的阶梯。共产党所赐予我的“为人民服务”的光荣传统一直铭记在我的心上。

为别人着想，不一定是一件大事情，可以从身边一点一滴的小事情做起。我时常把党的“为人民服务”的精神记在心中，帮助一些基础比较差的同学更有耐心。在党的殷切教导下，无论同学摔倒还是病痛，我都发自内心去关心他们，因此也博得了大家的信任。我们对党的崇敬与热爱，是无法用言语表达的，她带给我们安康，带给我们快乐，带给我们幸福，再优美的语言都显得那么苍白！

亲爱的同学们、朋友们，我们是祖国的未来，是世界未来的主宰者，让我们将党的可贵的精神一直发扬下去！在我的心中，信念就是：为人民服务！与共产党在一起！让我们做得更好！

传承红色基因，坚定理想信念

高一9班　升金彤

学史明理，学史增信，学史崇德，学史力行。

——题记

古人云：以铜为鉴，可以正衣冠；以人为鉴，可以明得失；以史为鉴，可以知兴替。十月革命一声炮响，给我们送来了世界上最先进的思想武器——马克思主义。1921年，亦是刻骨铭心的一年，当时的中国正处于列强肆意侵略、军阀长期混战、人民苦不堪言的时候。

有一个政党，在这样极端的条件下诞生了——这就是中国共产党！当"戊戌变法""辛亥革命"都不足以解放中华民族时，中国共产党的诞生给灾难深重的中国人民带来了光明和希望，指明了斗争的道路，他使中国社会制度发生巨变，变成一个民主国家。他让中国这头沉睡已久的雄狮终于站起来了，他高高举起的共产主义的伟大旗帜，在中国的神州大地上焕发出新的光芒！

悠悠百年党史路，风雨征程艰难苦。胸怀千年伟业，恰是百年风华。如今的我们站在了一个新的时代，面对国内外的各种政治局面的大变动，我们必将要站住脚跟，铭记历史。要知道和平来之不易！

回顾百年党史，多少英雄为祖国安全、建设前赴后继——周全弟的双腿和双臂，林俊德院士去世前十小时的向死冲锋，黄旭华消失三十载不告爹娘的决心，张桂梅老师大山里一生的坚守……无一不在诠释着他们的爱国之心！正是因为他们这些先进党员的奉献，才有了今天和平美丽的中国。

百年大党，风华正茂。历史雄辩地证明，中国之所以能够走向光明的前途、实现伟大的历史转变，就是因为有了中国共产党的正确领导。可以斩钉截铁地说，没有共产党，就没有新中国；有了共产党，中国才会取得今天的伟大成就并大踏步地走向辉煌。跟党走，坚定信念昂首阔步奔远方。人民只有永远跟着中国共产党，中国这艘巨轮才会乘风破浪、扬帆远航，也才能够最终实现中华民族伟大复兴的中国梦。

沐浴在党温暖又炽热的阳光下，我感到无比温暖又充满力量。作为新时代青年，美好的生活来之不易，我们应当加倍珍惜，我们要从深厚党史中汲取营养，传承红色基因，坚定理想信念，从前辈手中接过建设祖国的旗帜，听党话、跟党走，勇担实现中国梦的重任！

愿未来，人民幸福安康，国家兴盛强大，不断砥砺前行，书写大国华章，共筑千载繁华！

砥砺前行续辉煌

高一10班　孙　磊

习近平总书记曾指出："我们党的一百年，是矢志践行初心使命的一百年，是筚路蓝缕奠基立业的一百年，是创造辉煌开辟未来的一百年。回望过往的奋斗路，眺望前方的奋进路，必须把党的历史学习好、总结好，把党的成功经验传承好、发扬好。"

回望历史汲力量，砥砺前行续辉煌

回望过往，我们可以知道坚持中国共产党领导是历史的选择，人民的选择，没有共产党就没有新中国。在中国共产党成立之前，中国人民饱受外国侵略者和本国封建统治者的压迫。而中国共产党一经成立，就把实现共产主义作为党的最高理想和最终目标，义无反顾地肩负起实现中华民族伟大复兴的历史使命，对"为什么革命、怎样革命"的根本问题给出了正确的答案。中国共产党领导中国各族人民，经过二十八年浴血奋战，推翻了三座大山，取得了新民主主义革命的伟大胜利，于1949年10月1日建立了中华人民共和国，实现了中国从几千年封建专制向人民民主的伟大飞跃。从此，中国人民掌握了国家的权力，成为国家和自己命运的主人。而潞河中学作为北京市通州区的第一个党支部所在地，更是肩负起红色使命，在国难当头之际，义无反顾地加入了抗战。

铭记历史，缅怀先烈

在抗战的过程中，涌现了无数的英雄。革命烈士周文彬曾在潞河中学就读，十八岁加入了中国共产党，并在学校积极发展党员，1927 年秋，经中共北京地委批准，成立了潞河中学党支部，周文彬任支部书记，这是通州建立的第一个党支部。于 1943 年，周文彬先生及其他同志突遭数千日军包围，在掩护同志突围时不幸中弹牺牲，时年三十六岁。他犹如一颗流星划过夜空，虽然短暂，但它的光亮永留在人们的心中。

胸怀使命与初心，不用扬鞭自奋蹄

作为社会主义的新一代接班人，我们要将自己的理想与实现中华民族伟大复兴的中国梦结合起来。正如习近平总书记所说："一百年来，中国青年满怀对祖国和人民的赤子之心，积极投身党领导的革命、建设、改革伟大事业，为人民战斗、为祖国献身、为幸福生活奋斗，把最美好的青春献给祖国和人民，谱写了一曲又一曲壮丽的青春之歌。"青年是最富活力、最具创造性的群体，是推动社会发展进步的重要力量。人民有信仰，国家有力量，民族才有希望。

传承红色基因，赓续红色血脉

苍松翠柏，青峦不改；怀古知今，别有蕴意。近百年来，中国共产党人怀着满腔热忱踏上建设一个新世界的征程。今天，我们比历史上任何时期都更接近、更有信心和能力实现中华民族伟大复兴的中国梦。红色永续，血脉传承，我们一定能迎来更美好的明天。

赓续红色精神，担当时代责任

高一 12 班　郭鹏程

五星红旗迎风飘扬，胜利的歌声多么嘹亮！2021 年，中国共产党迎来了百岁生日。这一百年，跨过千山万水，历尽艰难困苦，终于开天辟地，迎来了今天的繁荣富强。

忆往昔，峥嵘岁月稠，前行的道路布满荆棘，荒草丛生，何去何从，中国究竟走向哪条道路？无数共产党人为此抛头颅，洒热血，献身革命，不惧生死。“杀了夏明翰，还有后来人！”时代的重任像接力棒一样在一代又一代的共产党人手中传递不断，只为了建设一个人人平等、和谐幸福的新中国。

战争年代，国外面临着帝国主义的侵略；国内面临着国民党反动派的“围剿”打压。中国共产党勇挑民族重担，抗日民族统一战线形成，共御外敌，荣辱与共。“为有牺牲多壮志，敢教日月换新天！”经历十四年艰苦抗战，中国取得了第一次抵抗外侮的完全胜利。1946 年拉开了解放战争的序幕，在党的领导下，中国人民团结起来组织起来。“红旗卷起农奴戟”，无产阶级到了给三座大山最后一击的关键时刻了。人民子弟兵击破锦州，包围京津，大战淮海，横渡长江，直下海南，推翻蒋家王朝，终于自 1949 年 10 月 1 日，建立了中华人民共和国。可是国内外政局并不稳定，逃到台湾的蒋介石叫嚣着反攻大陆，美帝国主义将战火引到中国边境，志愿军将士们勇于向武装到牙齿的美帝国主义宣战，正是这些默默无闻的人民英雄们为我们塑造了今天的屹立于世界民族之林的新中国！

经过岁月的磨砺，生命只会留下最粗砥的内核，而在万千风沙的洗礼中，能够传承不断的不是皮囊，而是脊梁，是那些为了祖国献出生命的人民英雄，是那些为了民族繁荣、国家富强的社会主义建设者，他们值得我们永远铭记！

一代人有一代人的使命。习近平总书记说："青年一代有理想有担当，国家就有前途，民族就有希望！"现在，中国正处于百年未有之大变局。在世界都经历疫情的折磨时，只有中国，在中国共产党的领导下同舟共济，共克时艰，取得了一次又一次的胜利。世界局势的转变，彰显中国制度优势的同时，也为青年一代敲响了警钟。我们生在红旗下，长在春风里，我们处在最好的时代，也是一个面临危机与挑战的时代，一个充满机遇的时代，一个需要努力奋进的时代，一个需要心怀伟大使命、践行时代责任的时代。我们不是生活在一个和平的时代，而是生活在一个和平的国度，哪有什么岁月静好，只是有人为你负重前行。新时代中国青年，要将个人理想与时代血脉融合在一起，将自己的远大目标同国家需要联系到一起，将韶华青春奉献给社会主义建设。

道路是曲折的，前途是光明的。下定决心，不怕牺牲，排除万难，争取胜利。我们要"为世界进文明，为人类造幸福，为建设一个富强民主文明和谐美丽的社会主义现代化强国不断奋斗"。

党就是明灯

高一 14 班　蒲洪涛

党就是明灯，指引着我们前进。因为有了党，我们也成了闪闪发光的人，变得愈加熠熠生辉。每一次党史学习，不仅是对我们自身素质的提升，也是对我们自身的一次熏陶。“学党史，强信念，跟党走”是我毕生的追求。

1921 年，中国共产党第一次全国代表大会在浙江嘉兴南湖的一条游船上胜利闭幕，庄严宣告中国共产党的诞生，同时也为我们留下了宝贵的“红船精神”。昔日的游船承载着共产党员的初心使命，经历了无数惊涛骇浪，成为今日行稳致远的巍峨巨轮。“红船精神”提醒广大党员干部要时刻保持思想上的先进性，保持矢志不渝、不懈奋斗的拼搏精神，保持高度的责任感、信念感、使命感，在新时代的征程中用饱满的工作热情在自身岗位上不断发光发热。而我，也在努力着向他们的方向前进。

身为潞河学子，潞河中学的红色历史使我备感骄傲。1927 年，经中共北京地委批准，在潞河中学成立中共党支部。这是通州第一个党支部，周文彬任书记，成员有张树棣、张学渊、康景新等人。周文彬原名金成镐，朝鲜人，随父亲来到中国后加入中国国籍。通州第一个党支部成立以后，不断地扩大党组织成员，团结进步学生，同国民党反动派进行斗争，在学校开办夜校，开设学习小组，宣传共产主义主张。1928 年后，通州党的工作由学校深入到工厂、农村，组织群众开展了一系列革命斗争。这一时期，通州党组织不断积累革命斗争经验，党员队伍逐渐发展壮大，党组织的工作不断走向成熟。潞河中学作为通州第一个党支部的诞生地，成为通州革命的摇篮。一处处意义非凡的红色印记，一段段难以忘怀的红色回忆，一个个感人至深的红色故事，见证着通州百年的奋斗历程，传承着通州百年的红色血脉。

“走得再远、走到再光辉的未来，也不能忘记走过的过去，不能忘记为什么出发。”我将时刻缅怀众位革命先烈，秉持着对共产党的炙热追求和崇高信仰，胸怀实现中华民族伟大复兴的使命，稳步前进。

身为潞河学子，我有责任去奋斗；身为潞河学子，我更应该为祖国的未来贡献出自己的一份力量。潞河的红色历史鼓舞着我，奋勇前进。

路

高一14班　张睿雅

起初一切是黑暗的，家将破，国将亡，人民被列强践踏着，我们摸索着寻一条通向光明的路。我们走过很多路，跌跌撞撞，却一次次被钢铁枪炮打退。我们像在水上划着破桨的老者，狂风骤雨中，被冲得七零八落，然后我们看见了一条红船。

它是鲜红的，有些小，却像利剑，划破了暗沉的天，闯过了激流，躲过了枪口向我们驶来。船上青年向我们呐喊，呐喊声那么响亮，低头苦思的人看了过去，徒劳地向上天乞求怜悯的人望了过去，看见了意气风发的他们。他们说，他们是共产党，他们为我们抛来红桨，我们向他们汇集而去，汇成了红色的巨轮。我们怀揣希望，凯歌前行，冲过重重反动势力的堵截，走上充满新生的路。

一路走来，风雨兼程，有人勇立船头，弄潮儿，掌船舵，驶向远方。他们带领众人实现了从石库门前的一盏灯火到改革开放的千里璀璨，从艰苦卓绝的两万五千里长征到呼啸奔涌的千万脱贫奔小康，闯过激流险滩，爬过陡壁绝峭，将祖国母亲山河脊梁上的疮疤抚平，撑起东方的一方天空。

而今，大路通坦，天光大亮，我辈青年已经站在了一个新的起点。前人努力让我们站在了新的高度，我们可以平视世界，时代机遇让我们身处无限可能的焦点，我们面临新的征程。我们回望过去，惊叹之余，更应学党史，强信念，走出自己的路。

我们学习过去，不是为沉湎昨日辉煌，是为更好的未来汲取力量。“长征之刃，铁索再寒也不灭燎原之火；革命之刃，头颅可抛只为国家兴亡。”心有党史，山一样的巍峨。历时两年，长达两万五千里的长征，踏出的是党不畏艰难险阻的山河气魄，绘出的是党将彩练当空舞的革命浪漫主义，映出的是党坚韧而温柔的目光。正是这份奋斗历程中的革命韧性，让我们一路砥砺前行，仍不忘初心。

心中的底气是我们前行的动力。我们学习党的科学决策，了解到多难兴邦，有党独立自主的和平外交政策才得今日之康健可爱的中国涅槃重生。是党无与伦比的号召力与中国人民的凝聚力才得疫情将散之曙光。

岁月变化间，我们将立于潮头，我辈应汲取往昔不朽不倒不屈不怠不散之精神，有一分热发一分光，踏出一条新的坦途！

传承是我们的使命

高一 4 班　陈芃羽

时光荏苒，沧海桑田，今年是一个特殊的年份，是中国共产党建党一百周年！在这举国同庆的滚滚热潮中，我们无不感念这百年来的艰辛。这段历史不仅灿烂辉煌，更是筚路蓝缕，风雨兼程。

历史是最好的教科书，我们学习党史，是为了不忘初心，是为了坚定信仰，是为了勇敢斗争，是为了新时代全面建设社会主义现代化国家而不懈奋斗。

2021 年是中国共产党成立一百周年，是实施“十四五”规划，开启全面建设社会主义现代化国家新征程的起步之年。2 月 20 日，党中央召开党史学习教育动员大会，习近平总书记发表重要讲话指出：我们党的一百年，是矢志践行初心使命的一百年，是筚路蓝缕奠基立业的一百年，是创造辉煌开辟未来的一百年。回望过往的奋斗路，眺望前方的奋进路，必须把党的历史学习好、总结好，把党的成功经验传承好、发扬好。

作为新时代的青年团员，我们要认真践行习近平总书记“发扬为民服务孺子牛、创新发展拓荒牛、艰苦奋斗老黄牛的精神”的号召，把自己的小我融入到人民的大我之中，敢想敢试，坚守初心，让青春年华在为国家、为人民的奉献中熠熠生辉。

历史是最好的教科书，唯有对信仰和历史做到真信，脚步才能行稳致远。为此，我们在空余时间不忘记学习党史，不断从党的百年历史中汲取智慧和力量。在深入学习党史的过程中，我们深刻了解到，自觉的学习意识、强大的学习本领、超高的学习能力，正是中国共产党能够从小到大、由弱到强、不断壮大的重要法宝。扎实的党史学习为青年团员做好新时代好青年奠定了坚实的基础，也为努力成为担当民族复兴大任的时代新人注入了强劲的力量。

我们要牢记党的嘱托，继承党的光荣传统，坚定信念“永远跟党走”。学习党史非常重要，这让我们能够更加客观地看待中国共产党的发展历程，更加坚定未来的发展方向，努力为中国发展做出更大贡献。

清澈的爱，只为中国

高一6班　王欣然

“穿岁月峰头，伴历史云烟，伟大的中国共产党已经走过了一百年的风雨历程。”今年是中国共产党成立一百周年，一百年，是个多么令人惊叹的数字。现如今，人民生活和谐幸福，国家从民不聊生到国泰民安。究竟是一群什么样的人，使中国的面貌焕然一新？他们就是最伟大、最可爱的中国共产党人。

在历史长河中，无数的中国共产党人致力于革命事业，忠心为人民服务。中国共产主义运动先驱李大钊，中国共产党早期领导人陈延年、陈乔年等无一不使我们的敬畏之心油然而生。正是他们在党的旗帜的指引下，和千百条各战线上的青年模范一起，演绎了一幕幕惊天地、泣鬼神的青春活剧，谱写了一曲曲壮丽雄浑的青春赞歌！

我的爷爷在1969年参军，1971年自愿加入中国共产党。我曾经问过他为什么要加入中国共产党，他毫不犹豫地说：“保家卫国啊！”他看着我的眼睛，脸上洋溢着笑容。他的这般真诚深深地打动了我。我也感受到作为一名中国共产党人，他是如此的自豪。他讲起参与抗美援朝的故事，为祖国效力恐怕就是他的心之所向。

在看过无数个感人的纪录片后，切切实实感受到他们为祖国付出的心血，我不由得想在此向所有中国共产党员们致以最崇高的敬意。毋庸置疑的是，是你们使人民过上了幸福的生活，是你们使中国登上了世界的舞台。中国取得的每项成就都出于你们的烈火雄心。

没有共产党就没有新中国，经过学习，我现在可以更加坚定地说中国共产党无疑是中流砥柱，他代表着全民的利益。关于中国共产党的贡献，都是家喻户晓。中国共产党建立起了中国特色社会主义制度，实现了中国历史上最深刻最广泛的社会变革。领导我们创造性地实现了由新民主主义到社会主义的发展……

我由衷地感到十分幸运，能生活在这个和平的年代。作为一名新时代的高中生，一份责任感油然而生，我将会学习中国共产党人身上所具有的爱国热情，敢于担当，坚定共产主义信念并付诸实践。从现在起，努力学习，为将来报效祖国打下坚实基础，勇于探索，不忘初心！

“清澈的爱，只为中国！”

传承红色基因，争做时代新人

高一 15 班　刘子玥

七十六年前，中国人民经过十四年艰苦卓绝的浴血奋战，打败了日本军国主义侵略者，洗刷了近代以来中国抗击外来侵略屡战屡败的民族耻辱。2021 年，伟大、光荣、正确的中国共产党已经走过一百年的风雨历程，领导中国人民走过了艰难曲折而又波澜壮阔的奋斗历程，取得了举世瞩目的辉煌业绩，做出了彪炳史册的巨大贡献。这是一个有着九千一百万党员的政党，领导着世界上人口最多的国家，很多国家在研究和学习中国共产党的治国理念和政策。成长在党旗下的我们，在党校有了深入了解她的机会。

一百年前，李大钊在《〈晨钟〉之使命》中写道：青年之字典，无“困难”之字；青年之口头，无“障碍”之语。勉励青年“索我理想之中华，青春之中华”。这要求我们树立科学的世界观、人生观、价值观，不断提升自己的思想水平。因为青年是国家之魂，因为我们承担着让中国变得更好的使命。

只有把自己的命运和国家、民族的命运紧密结合起来，我们的人生才更有意义。党校的培训，让我更加了解中国、了解中国共产党，这也是今后我们步入社会、为实现中国梦而尽职尽责的基础。翻开历史书，我们自豪于中国古代数千年的辉煌，也可以看到中国曾经落后、曾经被侵略，但从未被征服。历史的选择、人民的意愿以及千千万万仁人志士的付出，使得嘉兴南湖游船上的梦想得以实现，中国革命的面貌焕然一新，中国共产党带领着曾经的人们冲破黑暗的笼罩。现在，作为先进青年的中学生，更应该用实际行动践行信仰的真理，接过历史的接力棒，在个人与社会的统一中实现人生价值，我们责无旁贷。

当下的青年责任，应该体现在我们生活的点滴之间。我看到了身边同学围绕社会热点，开展调查研究，形成全面、客观的调研报告；我看到了一批批的青年积极投身于志愿服务之中，为社会奉献自己的力量。我还看到了更多的同学们懂得用理性、公允的态度看待问题，在充分了解事情的基础上做出自己的判断。这无不诠释着作为青年人的责任与担当。

作为当代的青年，我们虽然不再直接面对血与火的考验，但思想文化领域的国际竞争早已打响，时刻影响着我们的生活。在这样的背景下，我们更需要将理想的小船升华为信仰的巨轮，突破物质诱惑构成的暗礁和网络舆论形成的激流，向着成为志存高远、信念坚定的国家栋梁和民族脊梁的目标而前行。奉献青春、智慧和力量是当代青年最为崇高的人生境界。希望大家以进入党校学习为成长进步的新起点，拥护中国共产党，拥护我们的国家核心力量，沿着先辈的足迹，做时代新人！相信未来我们会骄傲于这个国家的沧桑巨变！

胸怀千秋伟业，恰是百年风华

高三4班　郭雨薇

2021年，又一个“历史时刻”，又一个“关键时间”。解决困扰中华民族几千年的绝对贫困问题取得历史性成就；开启全面建设社会主义现代化国家新征程，向第二个百年奋斗目标进军，正在召唤我们以全新的姿态去奋斗。

2021年，我们将迎来中国共产党百年华诞。回望刚刚过去的2020年，从抗疫到抗洪，从脱贫攻坚到复工复产，以习近平主席为核心的党中央保持战略定力、科学谋划部署，团结带领全国人民顽强奋斗，经历大风大浪，付出巨大努力，交出了一份人民满意、世界瞩目、可以载入史册的答卷。百年征程波澜壮阔，百年初心历久弥坚。共产党用一个又一个光辉业绩证明，中国共产党的坚强领导，是风雨来袭时最可靠的主心骨，是中华民族攻坚克难、迈向复兴的根本保障。

从石库门到天安门，从兴业路到复兴路，我们党从最初的几十人发展壮大到拥有九千多万名党员的大党，始终把为中国人民谋幸福、为中华民族谋复兴当作自己的初心和使命，征途漫漫奋斗不息，历尽艰辛矢志不渝。“立志于中华民族千秋伟业，百年恰是风华正茂。”始终承载人民的重托、民族的希望，始终保持永不懈怠的精神状态和一往无前的奋斗姿态。

作为新一代的青少年，我们在党的庇护下茁壮成长，我们唯有不断提升自我，才能在未来为党和国家做出一份贡献。这需要我们丰富知识储备、拓宽眼界、坚定理想信念，做好当下的事情，努力学习。正如校训所言：“一切为了祖国。”将所学用于实践，报效党和国家。

雄关漫道真如铁，而今迈步从头越。在党的培育下，我们必将接过历史的接力棒，以无所畏惧的精神和勇气，担起时代赋予的使命和责任，勇做时代的弄潮儿，向党和人民交出一份令人满意的答卷，以优异成绩向我们党的百年华诞献礼。

图书在版编目(CIP)数据

潞园星火 / 徐甲主编. －－ 北京 : 中国文史出版社, 2021.7

ISBN 978－7－5205－3056－9

Ⅰ. ①潞… Ⅱ. ①徐… Ⅲ. ①爱国主义教育－中国－文集 Ⅳ. ①D647－53

中国版本图书馆 CIP 数据核字(2021)第 119286 号

选题策划：孟洪峰
责任编辑：薛未未

出版发行：中国文史出版社
社　　址：北京市海淀区西八里庄路 69 号院　邮编：100142
电　　话：010－81136606　81136602　81136603（发行部）
传　　真：010－81136655
印　　装：北京新华印刷有限公司
经　　销：全国新华书店
开　　本：720×1020　1/16
印　　张：17.5　　　字数：227 千字
版　　次：2021 年 7 月第 1 版
印　　次：2021 年 7 月第 1 次印刷
定　　价：58.00 元